경북의 종가문화 8

충효당 높은 마루,
안동 서애 류성룡 종가

경북의 종가문화 8

충효당 높은 마루,
안동 서애 류성룡 종가

기획 | 경상북도 · 경북대학교 영남문화연구원
지은이 | 이세동
펴낸이 | 오정혜
펴낸곳 | 예문서원

편집 | 유미희
디자인 | 김세연
인쇄 및 제본 | (주) 상지사 P&B

초판 1쇄 | 2011년 12월 23일

주소 | 서울시 성북구 안암동 4가 41-10 건양빌딩 4층
출판등록 | 1993. 1. 7 제6-0130호
전화 | 925-5914 / 팩스 | 929-2285
홈페이지 | http://www.yemoon.com
이메일 | yemoonsw@empas.com

ISBN 978-89-7646-276-3 04980
ISBN 978-89-7646-268-8(전10권)
ⓒ 경상북도 *2011 Printed in Seoul, Korea*

값 16,000원

경북의 종가문화 8

충효당 높은 마루,
안동 서애 류성룡 종가

이세동 지음

예문서원

지은이의 말

　　산하山河는 인물을 낳고, 인물로 인해 산하는 빛을 더한다. 하회가 풍광이 수려하다 하나 인물이 없었다면 어찌 오늘의 하회가 될 수 있었으랴! 그 인물의 향기를 오롯이 간직하고 있는 곳을 종가라고 하니, 종가는 세월을 넘어 인물을 만나는 곳이요, 인물을 더듬어 역사를 살피는 곳이다. 그러므로 종가에는 역사와 문화가 있고, 과거와 현재가 어우러져 있으며, 무심히 들른 나그네에게 유장한 세월의 가르침을 말없이 들려주는 기품이 있다.
　　서애 류성룡 선생의 종가는 그런 곳이다. 역사가 있고 문화가 있고 기품이 있는 곳이다. 역사가 인물을 낳았으되, 인물이 누대에 걸쳐 문화를 빚어내니, 저절로 기품이 있게 된 것이다. 이제 이 역사와 문화와 기품을 더듬어 보려 한다. 무디고 짧은 글로 이들의 전모를 드러낼 수 있으랴만, 고기 한 조각으로도 솥 안의 모든 고기 맛을 알 수 있다 하였으니, 한 조각 고기라도 정성껏 조미해 보려 한다.

일찍이 서애 선생은 66세 되던 정미년(1607)에 시를 한 수 지어 자제들에게 보여 준 적이 있었다. 그 마지막 구절에 "권하노니 자손들아 모름지기 삼가라(勉爾子孫須愼旃), 충효 밖의 사업은 따로 없도다(忠孝之外無事業)"라고 하였다. 서애가 자손만대로 이어나가야 할 최고의 덕목으로 충효를 강조한 것이다. 여기서 서애 종택이 충효당일 수 있었고, 필자 역시 이로써 책의 부제를 '충효당 높은 마루'라고 한 것이다.

충효는 자신을 버리는 일이다. 나라와 임금을 위하여 자신을 버리면 충이 되었고 부모와 가문을 위해 자신을 버리면 효가 되었다. 무엇을 위해 버릴 것인가는 시대의 요구가 다를 터이지만 가치를 위해 자신을 버릴 줄 아는 사람은 위대한 사람이다. 서애는 그렇게 자신을 버리고 살았다.

그러므로 충효는 이 시대에도 여전히 아름다운 지표가 된다. 나만을 위해 사는 현대인들에게 나를 버리는 아름다운 삶을 이야기하고 있기 때문이다. 이 책이 박물관의 청동거울 같은 '충효'를 다시 끄집어내 표제로 삼은 이유이다. 서애의 삶을 통해 '나를 버리고 산 삶'을 음미해 보고자 함이다.

이 글을 쓰는 데 도움을 주신 선행연구자들과 종손 류영하 옹, 종부 최소희 여사, 차종손 류창해 선생 및 병산서원 별유사別有司 류시주, 류한욱 선생께 감사드린다. 이분들의 선조에 대한 존경심과 위선정신을 생각하면 지금도 숙연해진다. 하회의 나무 한 그루 풀 한 포기가 서애 선생과 관련이 있는 새로운 의미로 태어날 수 있었던 것도, 바로 이러한 후손들이 가진 노력과 열정 때문일 것이다.

 필자는 이 글을 쓰는 과정에 지병으로 다소 고생을 하였다. 그러나 필자의 뒤에는 사진 등 여러 자료를 제공하며 집필을 가능하게 한 경북대학교 영남문화연구원의 종가문화연구팀이 있었다. 정우락 교수를 비롯한 연구팀이 병중의 어려움으로 너저분해진 원고를 깔끔하게 마무리하였기에 이 자리를 빌려 특별히 감사의 마음을 전한다.

 하회를 감싸고 흐르는 낙동강을 본다. 강물은 앞서가는가 하면 또한 따라가고, 비운 자리가 있는가 하면 또한 채워 가는 자리가 있다. 이러한 현상을 우리는 흐름이라 하였던가. 하회마을은 수백 년 동안 그렇게 충효가 흘렀으리라. 그 흐름은 역사를 만들었고, 문화를 만들었고, 또한 이곳에 사는 사람들의 품격을 만들었다. 이러한 넉넉한 흐름은 영원할 것이므로 충효 역시 사람의 일로 영원할 것이다.

2011년 3월
이세동

차례

지은이의 말 _ 5

제1장 물길 따라 엮은 세월 _ 10
    1. 태극으로 감돌고 연꽃처럼 떠올라 _ 12
    2. 허씨 터전 안씨 문전 류씨 배판 _ 18
    3. 류씨들의 입향사 _ 21

제2장 선비들이 사는 마을 _ 28
    1. 류자온과 정부인 안동김씨 _ 30
    2. 서애를 있게 한 사람들 _ 34

제3장 서애 류성룡, 그는 누구인가 _ 44
    1. 서애에 대한 이긍익의 평가 _ 46
    2. 백이를 닮고자 한 유년 _ 49
    3. 충효 사이의 벼슬길 _ 52
    4. 서애를 알아본 선조대왕 _ 61
    5. 붕당의 갈림길에서 _ 65
    6. 전란 속에 세운 재조산하의 공 _ 74
    7. 실각, 그리고 귀향 _ 90

제4장 불후의 입언 _ 102
    1. 『징비록』 _ 104
    2. 『서애집』과 기타 저술들 _ 114

제5장 죽어서도 살아 있는 조상 _ 120
    1. 서애 불천위 제례의 특징 _ 122
    2. 병산서원 향사와 임진년 치제 _ 135

제6장 대를 이은 향기 _ 148
    1. 퇴계학 이어받기 _ 150
    2. 충효의 기치를 다시 들며 _ 156

제7장 충효당과 서애의 자취들 _ 166
    1. 충효당에 새긴 뜻 _ 168
    2. 서애의 자취들 _ 178

제8장 종손 되기와 종부 되기 _ 192
    1. 서애의 14대 종손 류영하 _ 194
    2. 서애 종부 박필술과 최소희 _ 200
    3. 차종손 류창해 _ 206

懲毖錄

제1장 물길 따라 엮은 세월

1. 태극으로 감돌고 연꽃처럼 떠올라

　　하회는 아름답다. 부용대에 올라 하회를 굽어보면 "들을 하회이지 볼 하회가 아니다"라는 속담이 부질없기만 하다. 동으로는 일월산의 지맥을 밟아 온 화산이 평지에 아담하게 솟았다가 다시 북으로 뻗어 부용대가 되었고, 서쪽에는 원지산이 가로놓여 있으며, 화천을 건너 남쪽에는 남산이 겹으로 놓여 있다. 산이 사방을 트인 듯이 둘러 있어 허와 실이 조화롭되, 부용대와 원지산 사이가 더욱 허하여 만송정의 송림으로 비보飛報하니 하회의 경관이 더욱 다채로워졌다.

　　낙동강이 동에서 흘러 들어와 북으로 비스듬히 꺾이면서 화천이 되고, 이 물줄기가 마을을 휘감아 잠시 서류西流하다가 다시 굽이쳐 동으로 흘러가 물돌이동(河回)이라는 이름을 얻었다. 강이

굽었으니 곡강曲江이며 하외河隈요, 물가에 마을이 있으니 하상河上이며 강촌江村이다. 산도 굽이치고 물도 굽이치니 이른바 산태극山太極 수태극水太極이요, 굽이치는 물길 가운데 마을이 접시를 엎어 놓은 듯 봉긋하게 떠 있어 연화부수蓮花浮水다. 연꽃이 물 위에 떠 있기에 물 이름은 화천花川이요 산 이름은 화산花山이로되, 어찌 연꽃만 꽃이랴, 봄이 되면 배꽃이 만발하여 이화촌梨花村이라는 별명도 얻었다. 산 수려하고 물 휘감아 도는 곳에 꽃이 어우러지니 서애 선생의 손자 류원지柳元之(1598~1674)는 하외십육경河隈十六景을 노래하였다. 이중환李重煥(1690~1752)이 『택리지擇里志』에서 이야기한 "시냇가의 살기 좋은 마을로는 으뜸"(溪勝第一)이라는 말이 빈말은 아닌 것이다.

　이 아름다운 곳에 언제부터 눈 밝은 사람들이 모여들었던가? 전해 오는 이야기에 따르면, 고려 중엽에 정승을 지낸 김해허씨 한 분이 만년에 하회에 정착하였다고 한다. 그는 화산의 남쪽 자락 거먹실에 살다가 강 건너 광덕동 건짓골에 묻혔다고 하는데, 알려진 최초의 하회 주민이다. 그러나 그 이전에 이 아름다운 곳을 어찌 사람들이 그냥 두었으랴! 학자들에 따라서는 고려 초부터 이미 사람들이 살았을 것이라고 하지만 문헌의 기록이 명확지 않아 확인할 길이 없다. 혹 허 정승이 고려 전기의 인물인지도 모르겠다. 아무튼 김해허씨들이 고려 때 처음 살기 시작하여 이 허씨 집안의 어느 도령은 저 유명한 하회탈을 만들었다고 하니 하회의 역사와 문화가 자못 유장하다.

　허씨들이 세거하던 이곳에 안성安省(1344~1421)이라는 분이 입향하였다. 전해 오는 이야기로는, 그가 경상도관찰사를 역임하여 지방 순시 중에 하회를 들렀다가 이곳의 풍광에 마음을 빼앗겨 머물러 살게 되었다고 한다. 안성은 본관이 광주廣州이며 천곡泉谷과 설천雪泉이라는 호를 사용하였다. 고려 때 문과에 급제하여 상주판관을 역임하였고, 조선에 들어와서는 벼슬을 사양하다가 후일 나아가 개성유후開城留侯 등의 높은 벼슬을 지냈다. 청백리에 녹선되고 사후에 사간思簡의 시호가 추증되었다. 『광주안씨대동보』에는 그가 1407년에 경상도관찰사가 되었다고 하였고, 『조선왕조실록』에는 1408년(태종 8)에 부친의 병으로 경상도관찰사직을 사임했다고 하니 아마 이즈음에 하회로 들어왔을 것이다. 그는 허씨들이 선점하고 있는 화산 남쪽 거먹실을 피해 화산의 북쪽 자락, 고려 때 향교가 있었다고 하는 향교골에 터를 잡아 살았다.

부용대에서 바라본 하회마을(출처: 영남문화연구원)

『광주안씨대동보』에 의하면, 그는 1421년에 머물러 살던 곳인 하회에서 세상을 떠나 무학대사가 터를 잡은 경기도 광주의 중대리 영장산에 묻혔고, 그의 자손들은 주로 광주에 살았다. 한편 전라도 장수에도 안성과 관련된 문화재가 한 점 남아 있는데, 전라북도 유형문화재 143호인 '장수오성리영락십이년왕지長水五聖里永樂十二年王旨'이다. 이 왕지는 1414년(영락 12)에 안성을 강원도 관찰사로 임명하면서 태종이 내린 교지인데, 태종의 친필 문건과 함께 하사되었다. 이곳에 세거하던 그의 후손들은 1752년에 어필각을 지어 지금까지 왕지와 어필을 함께 보존해 오고 있다. 안성의 후손들, 즉 광주안씨 사간공파思簡公派는 광주와 장수뿐만 아니라 전국 각지에 흩어져 살고 있는데, 그가 생을 마감했던 하회에는 살지 않았을까?

　안성은 아들 4형제를 두었다. 4형제가 한때 모두 하회에 살았는지는 알 수 없으나 하회와의 연고가 확인되는 인물은 막내아들 안종생安從生이다. 그는 하회에 살던 홍해배씨 배소裵素의 사위가 되었는데, 배소는 공조전서 배상공裵尙恭의 아들이고, 배상공은 풍산류씨의 하회 입향조인 류종혜柳從惠의 벗이었다. 류종혜는 풍산현 상리에 살다가 하회로 입향한 뒤 친구인 배상공을 불러들여 함께 살았다. 안종생은 당시의 관례대로 처가살이를 하였는지 혹은 부친이 살던 집에서 살았는지 분명하지 않지만, 그의 막내아들 안팽명安彭命이 독서 강학하던 천당정泉堂亭이 하회의 화산 서쪽 기슭에 있었다. 안종생의 동서 권옹權雍도 하회의 처가에 살다가 후일 아들이 없었던 배소의 집을 물려받았다. 류종혜의 손자 류소柳沼는 권옹의 사위이며, 안팽명은 류소의 아들 류자온柳子溫에게 글을 가르쳤다. 조선 전기의 하회는 이처럼 김해허씨와 광주안씨, 흥해배씨와 안동권씨, 풍산류씨 등이 혼인을 통해 함께 어울려 사는 곳이었다.

2. 허씨 터전 안씨 문전 류씨 배판

하회의 각성 정착과 관련하여 "허씨 터전이요, 안씨 문전에 류씨 배판"이라는 속언이 있다. 하회에 관한 기존의 연구들이 대부분 이 말을 인용하고 있으나, 모두 배판을 배반으로 잘못 읽고 잘못 해석하고 있다. 배판排判이라는 용어는 지금은 낯설지만 예전에는 상용하던 문자로, 벌려서 차려 놓는다는 뜻이다. 천지배판天地排判이라고 하면 하늘과 땅이 열리면서 삼라만상이 잘 갖추어졌다는 말이고, 육조배판六曹排判이라고 하면 여러 관청들이 잘 차려져 있다는 말이다. 그러므로 위의 속언은 허씨가 터전을 잡은 곳에 안씨가 들어섰고, 안씨의 문 앞에서 류씨들이 마을을 차려 번성하였다는 말이다.

배씨나 권씨가 이 속언에서 제외된 것은 자손들이 없거나 하회를 떠났기 때문이다. 권옹은 유裕와 작綽이라는 두 아들이 있었으나 어찌된 일인지 외손봉사를 유명遺命으로 남겨 류씨들이 지금도 묘사를 지내고 있고, 권옹의 장인 배소는 아들이 없어 역시 류씨들이 지금까지 외외손봉사로 묘사를 지내고 있다. 유독 안씨만 가문을 이루고 세를 형성하였던 것이다. 그러므로 "허씨 터전이요, 안씨 문전에 류씨 배판"이라는 말에서 권씨와 배씨가 언급되지 않은 것을 이해할 수 있다. 다만 문제가 되는 것은 안씨의 입향이 안성으로부터 비롯된 것이라면 대체로 류씨와 비슷한 시기인데, 마치 허씨 → 안씨 → 류씨의 입향 순서를 말하는 것처럼 보이는 점이다. 속언이 입향의 순서까지 감안하여 만들어진 것이라면 반드시 안성 이전에 입향한 안씨가 있어야 하지만, 확인할 길이 없다.

만약 안성이 안씨의 최초 입향자라면 이 속언은 가문의 성쇠와 관계된 표현으로 해석할 수밖에 없다. 안성은 고려에서부터 조선에 걸쳐 고관을 지낸 현저한 인물이었고, 그의 아들 안종생은 음직으로 사헌부감찰을 지냈으며, 손자 안팽명은 문과에 급제하여 사간원사간을 지냈다. 이에 비해 류씨의 경우는 류자온의 아들 류공권柳公權이 하회 입향 이후로 처음 문과에 급제하여 공조정랑을 지냈다. 적어도 조선 전기 하회의 주도적 가문은 안씨였던 것 같다. 그러나 류공권 이후 류씨 문중에 걸출한 인물들이 쏟아지면서 조선 중기에 이르러 하회의 주도권은 류씨가 장악하게 된다. 세에 눌린 허씨와 안씨는 차츰 마을을 떠나게 되었고 결국 하회는 류씨의 동족부락화가 되어 간다. 그러므로 위의 속언은 안씨가 여러 성씨 가운데 허씨를 이어 조선 전기에 하회의 주도권을 차지하였으나 이후 류씨에게 주도권을 내어 주게 된 씨족사에 방점을 찍은 말로 보아야 할 것이다.

3. 류씨들의 입향사

　　이쯤에서 류씨들의 입향사를 살펴보자. 류씨의 하회 입향조는 앞에서 언급한 바처럼 류종혜이다. 류종혜는 그의 6대손 겸암謙菴 류운룡柳雲龍이 작성한 「세계록世系錄」에 따르면, 벼슬이 가선대부嘉善大夫 공조전서工曹典書였다고 한다. 가선대부는 조선의 종이품 품계이고, 전서는 조선 초 육조六曹의 장관직으로 정삼품이었는데, 1405년(태종 5)에 판서判書로 바꾸고 정이품으로 직품을 올렸다. 고려에도 전서의 직명이 있었으나 공조전서는 없으며, 특히 가선대부는 고려에는 없는 품계이다. 그러므로 류종혜의 직함은 조선의 직함이다. 서애 문집에 실려 있는 「세계도世系圖」에도 류종혜의 직함 앞에 "조선에 들어와서"(入我朝)라는 말을 붙여 두었다. 그의 직함이 조선의 것이라면 하회 입향 역시 조선 초일 가능성이 있으나 하회의 류씨들은 입향 시기를 고려 말로 추측하고 있다. 이런 추측의 근거는 아마 겸암이 「세계록」에서 인용한 류중영柳仲郢의 언급 때문일 것이다. 다소 긴 글이지만 류씨들의 입촌과 관련된 중요한 문건이므로 전서공 류종혜에 대한 겸암의 설명을 들어 보자.

육대조께서는 휘가 종혜이고 가선대부 공조전서의 벼슬을 지내셨다. 묘소는 풍산 북쪽의 자을파산 남향 언덕에 있다. 공이 처음으로 풍산현내로부터 현 서쪽 10여 리에 있는 화산 아래 하회촌으로 이거하여 토지를 개간하고 집을 지으셨다. 당시 친구였던 전서 배상공 공도 벼슬을 그만두고 시골에 계셨는데, 전서공께서 같은 마을로 모셔와 논밭과 집을 분할하여 드렸다. 이로부터 서로 더불어 왕래하시니 고을 사람들이 '두 분 전서공'이라고 이름 하여 지금까지 말하고 있다. 그 뒤 배공의 아들 배소는 이조정랑을 지냈는데, 정랑의 사위인 평창군사 권옹 공이 그 집을 물려받아 사셨다. 권공은 바로 증판서공(류자온)의 외조부인 관계로 그 집은 다시 류씨에게 귀속되어 지금까지 계속 살고 있다. 부인은 예천임씨로 양양군부인의 봉함을 받으셨는데, 부친은 급제 임원길이다. 묘소는 고을 서쪽 마감모산의 남향 언덕에 있다. 재취부인은 안동권씨로 부친은 군기소감 권계이다.

배씨(배상공)의 묘지문을 살펴보니, 그 형님은 배상지裵尙志인데 고려 말에 벼슬을 버리고 돌아왔다가 곧 조선이 들어서자 다시는 벼슬하지 않았으며 호는 백죽당柏竹堂이다. 그렇다면 우리 선조 전서공께서 벼슬을 버리고 돌아오신 것과 생각건대 틀림없이 같은 시기일 것이다. 선친(류중영)께서 일찍이, "비록 정확한 시기는 알 수 없지만 대개 고려가 망하려 할 즈음이다" 하셨다.

류종혜는 풍산현내에 살다가 서쪽으로 10여 리를 옮겨 하회로 들어오고자 하였지만 입향이 쉽지 않았던 것으로 보인다. 이와 관련하여 두 가지 전설이 전해 오고 있다. 하나는 류종혜의 조부인 류난옥柳蘭玉이 먼저 하회에 입향하고자 하였으나 적선을 한 뒤라야 들어갈 수 있다는 계시에 따라 류종혜에 이르기까지 3대에 걸쳐 음덕을 쌓았다는 전설이고, 또 다른 전설은 류종혜가 삼년 동안 만인萬人에게 적선을 하고 나서야 입향할 수 있었다는 전설이다. 이 두 가지 이야기는 하나의 이야기가 분화되었을 가능성이 크며, 입향의 과정에서 기존의 주민들과 갈등이 없지 않았음을 시사하고 있다.

위에서 인용한 겸암의 글을 보면 어렵사리 입향하게 된 류씨가 처음 터를 잡은 곳이 지금의 대종택인 양진당養眞堂이다. 전서

공이 집을 배상공과 나누어 이웃하여 살았는데 그 집이 권옹의 소유가 되었다가 다시 류자온의 소유가 되어 겸암 당대까지 살고 있다고 하였기 때문이다. 류종혜가 이곳에 터를 잡은 것은 선주민의 주거지를 피한 결과일 것이다. 배산임수의 전형적인 취락 입지를 고려한다면 화산 자락이 되어야 할 터이지만, 허씨가 이미 화산의 남쪽 자락에 살고 있었고, 류씨와 비슷한 시기에 안씨는 화산의 북쪽 자락에 자리를 잡았다. 결과적으로 류씨는 화천이 돌아 흐르는 하회의 중앙부에 자리를 잡았는데, 이러한 지리적 상황을 간략하게 도식화하면 아래와 같다.

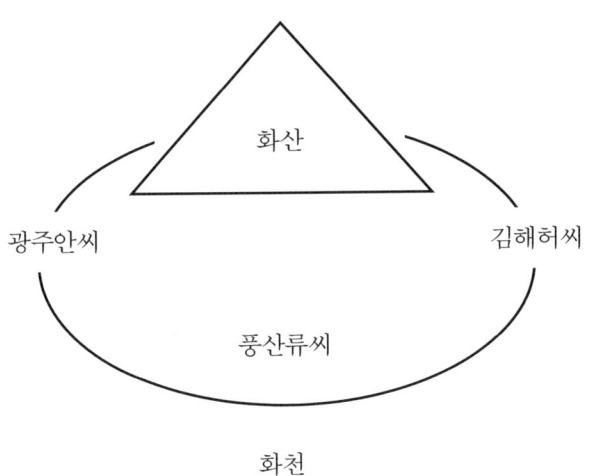

선주민을 피해 하회의 중심부로 나온 류씨는 혼인을 통해 가문의 위상을 높여 갔다. 류종혜의 아들 류홍柳洪은 진사 김관金琯의 딸에게 장가들었다. 김관은 강호江湖 김숙자金叔滋의 부친이고 점필재佔畢齋 김종직金宗直의 조부이다. 그러므로 류홍은 김숙자와 처남매부간이고 김종직에게는 고모부가 된다. 류홍의 아들 류소는 앞에서 언급한 것처럼 권옹의 사위가 되었는데, 권옹은 이조정랑 배소의 사위이며 평창군사를 지낸 관료였다. 특히 그는 실전한 안동권씨 시조 권행權幸의 묘소를 능동陵洞에서 찾았던 인물로 지금까지 안동권씨 문중에서 회자되고 있다. 류소의 아들 류자온은 사간 안팽명에게 글을 배우고 사마시에 급제하여 진사가 되었다. 그의 장인은 청백리로 유명한 보백당寶白堂 김계행金係行(1431~1521)이다. 김계행은 연산군 때 대사간을 지내다가 낙향하여 안동의 풍산에 은거한 명사이다. 류자온의 아들인 류공작柳公綽은 간성군수杆城郡守를 지냈으며, 연안이씨 이형례李亨禮의 사위이다. 이형례는 대제학을 지낸 오봉五峯 이호민李好閔의 조부이며, 퇴계가 그를 위해 묘갈명을 지었다.

　이상에서 본 바와 같이, 류종혜로부터 서애의 조부인 류공작에 이르기까지 하회의 류씨들은 조선 전기 영남지역이라는 제한된 시공간에서 가능한 최정상급의 혼맥을 형성하였다. 이러한 혼맥이 결국 류씨 가문의 위상을 높이는 데 기여하게 되고, 위상이 높아지면서 혼맥도 더욱 화려해지는 상호 작용을 하였을 것이

입암고택(출처: 영남문화연구원)

다. 뿐만 아니라 류씨 자신들도 차츰 음서가 아닌 과거를 통해 관계에 나아가면서 어느 순간 허씨와 안씨를 누르고 하회에서 결정적 우위를 점하는 가문이 되었을 것이다.

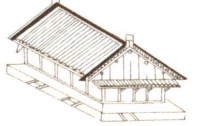

제2장 선비들이 사는 마을

1. 류자온과 정부인 안동김씨

　　선비는 전통사회에서 독서인을 지칭하는 말이다. 그들은 책 속에 사람답게 사는 길이 있다고 믿으며 책을 읽고 책처럼 살고자 하였다. 그러므로 선비는 학문과 실천을 본령으로 하되 하나라도 부족하면 선비가 아니었다. 선비의 실천은 수기치인修己治人이다. 도덕으로 자신을 가다듬어 소양을 닦는 것이 수기이고, 수기를 바탕으로 경륜을 펼쳐 사람을 다스리는 것이 치인이다. 그러므로 수기는 선비됨의 시작이고 치인은 선비됨의 끝이다. 선비가 치인을 하려면 벼슬에 나아가야 하고, 벼슬에 나아가는 가장 정당한 길은 과거이다.

　　이런 의미에서 하회를 선비들이 사는 마을이었다고 한다면,

먼저 주목해야 될 인물은 류자온과 그의 부인 안동김씨이다. 그들이 하회를 선비의 고장으로 만든 주역이기 때문이다. 우선 겸암이 그의 증조부 류자온과 그 부인을 묘사한 글을 보자.

> 공은 학문과 실천으로 한 시대의 중히 여김을 받았다. 젊어서 사간 안팽명에게 학문을 배웠으며, 참찬 권주權柱, 용재慵齋 이종준李宗準 같은 분들이 모두 그 지기들이었다. 일찍이 "나는 평일에 흘러가는 물에서 목욕한 적이 없으며, 해와 달을 향하여 용변을 본 적이 없다" 하셨으니, 비록 작은 일이지만 그 마음가짐을 대략 알 수 있다. 불행하게도 일찍 돌아가시자, 부인께서 집안을 맡아 자제들을 가르치셨는데, 엄격하고 법도가 있었으며 가난을 다스려 4남 4녀를 모두 선비의 가문에 시집 장가보냈다. 안팎이 가지런하고 엄숙하였으니, 자손들이 문호를 지키고 집안의 명예를 떨어뜨리지 않은 것이 실로 그 덕이다. 부인은 정부인 안동김씨인데 부친은 대사간 김계행이다.

작은 일에도 몸가짐을 단정하게 할 줄 알았던 고결한 선비 류자온과, 김계행의 딸로 태어나 가정에서 쌓은 부덕으로 자손들을 훌륭하게 길렀던 안동김씨야말로 류씨 가문이 명망가가 되는 터전을 닦은 분들이다. 가문의 성쇠는 인물에 달려 있고 인물은 만드는 사람이 있어야 만들어지니 류자온과 안동김씨는 인물을 만들었던 사람들인 것이다. 하회의 류씨 가문에는 이때부터 인물이 쏟아지기 시작하여, 류자온으로부터 아들과 손자, 증손에 이르기까지 4대 동안 소과급제가 4명이고, 문과급제가 4명이며, 불천위 제사가 5위이다. 특히 불천위는 류자온의 손자와 증손 2대에 5위이고, 상주의 우천으로 옮겨 간 서애의 아들 류진柳袗까지 포함한다면 3대에 걸쳐 6위가 된다. 2대 5위의 불천위는 불천위 제사가 많기로 유명한 안동의 다른 가문에서도 유례를 찾을 수 없는 일이며, 전국의 어느 집안에도 이런 경우는 없다. 류자온 이후로 류씨 가문은 반석 위에 올라앉았고, 하회는 선비들의 마을이 되었다.

재미있는 것은, 중국의 당나라에도 류자온이라는 인물이 있었다. 명문인 하동류씨河東柳氏 가문에서 태어나 단주자사丹州刺史를 지냈다. 그의 아들 류공작은 이부상서, 병부상서, 하동절도사 등의 내외직을 지내고 '원元'이라는 시호를 받은 명신이며, 또 다른 아들 류공권柳公權은 공부상서 태자소사太子少師의 벼슬을 지내고 하동군공에 봉해졌다. 특히 류공권은 안진경顔眞卿과 나란히 '안류顔柳'로 불리거나, 안진경·저수량褚遂良·구양순歐陽詢과 함께 당나라의 사대명필로 불릴 만큼 뛰어난 서예가였다. 류공작의 아들 류중영柳仲郢은 천평절도사를 지냈는데, 그의 부친, 숙부와 함께 '일문삼걸一門三傑'의 명성이 있었다. 류자온은 단주자사라는 지방관에 그쳤지만 그의 아들과 손자 양대에 걸쳐 일문삼걸을 배출하여 우뚝한 조상이 되었던 것이다. 하회의 류자온 3대의 이름은 당나라의 명문 하동류씨 3대의 이름과 완벽하게 일치한다. 류소가 아들의 이름을 자온으로 지은 것은 아마도 당나라의 류자온처럼 훌륭한 자손을 두라는 바람 때문이었을 것인데, 그 바람이 이루어진 것이다.

2. 서애를 있게 한 사람들

　　류자온을 비롯해서 서애 이전에도 하회를 선비들이 사는 위대한 마을로 만들었던 사람들이 있었다. 이들을 간단히 살펴보는 것은 하늘이 낸 재상이라는 서애가 이러한 문화풍토 속에서 날 수 있었음을 의미하는 것이어서 중요하다. 사람이 문화를 만든다고 하지 않는가. 사람이 있으면 그들에 의해 문화는 숙성된다. 그러한 문화를 만들어 갔던 사람들은 누구인가. 몇 분만을 간략히 살펴보기로 하자.

1) 류공작(1481~1559)

류공작柳公綽은 류자온의 맏아들이며 겸암과 서애의 조부이다. 음직으로 조정에 나가 내직으로는 예빈시주부, 사헌부감찰, 군자감주부, 사옹원판관 등을 지내고 외직으로는 포천현감, 산음현감, 간성군수 등의 벼슬을 역임하였다. 지방관으로 부임하는 곳마다 백성의 어려움을 해결하고 선정을 베풀었다. 퇴계가 묘갈명을 지었는데, "국가에서 인재를 등용할 때 과거를 귀하게 여겨 이를 통해 나오지 않은 경우는 사욕을 도모하는 무리로 여겼으며, 본인들도 스스로 그렇게 처신하였다.…… 그러나 간성군수 류공 같은 분의 행적은 낮추어 볼 수 없으니,…… 백성을 다스리는 관원들이 모두 공과 같다면 어찌 임금의 은택이 막혀 백성들에게 미치지 못하는 일이 있을 것이며, 어찌 정령政令이 시행되기 어려움을 걱정하랴!" 하였다. 계속되는 퇴계의 말에 따르면, 그는 사람됨이 성실하고 순수하였으며, 절도가 있었고 부지런하였다. 홀어머니를 섬김에 사재를 따로 갈무리하지 않았고, 형제들과는 의복을 함께하였으며, 사람의 어려움을 구제하는 일에 마음을 쏟았다. 그의 아들 중영에게 이르기를, "나라의 지극한 은혜를 입었으니, 나는 영리를 도모하는 일을 할 수 없다. 너는 벼슬살이하면서 국사를 게을리하지 마라" 하였다. 몹시 청빈하여 사후에 부의賻儀가 없었으면 장례를 치르기도 어려울 지경이었다. 선비의 실천을 다한 삶이었던 것이다.

2) 류공권(1485~1539)

류공권柳公權은 류공작의 아우이며 서애의 중조부仲祖父이다. 류씨가 하회로 들어오고 나서 최초로 문과에 급제한 인물이다. 공조정랑, 사헌부지평을 지내고 서장관으로 명나라에 갔다가 세상을 떠났다. 명 황제의 부의로 관곽을 마련하여 귀장歸葬할 수 있었다. 사후에 예조참판에 증직되었다.

3) 류중영(1515~1573)

류중영柳仲郢은 류공작의 아들이며, 서애의 부친이다. 호는 입암立巖이며, 식년문과에 급제하여 내직으로는 사헌부장령, 형조참의, 예조참의, 좌부승지 등의 벼슬을 하고, 외직으로는 의주목사, 정주목사, 청주목사, 황해도관찰사를 역임하였다. 내직에 있을 때는 직무를 엄정하게 처리하여 명성이 높았고, 외직으로 나아가서는 애민愛民의 이상을 구현하여 칭송이 자자하였다. 성품이 몹시 강직하여 공무가 아니면 권세 있는 자들과 접촉하지 않았다. 사람들이 모두 재상의 그릇이라고 하였으나 황해감사에 그치고 말았다. 영의정 노수신盧守愼이 지은 신도비명의 이야기를 들어 보자.

> 공은 성품이 강직하고 꿋꿋하였으나 마음을 쓰는 데는 온화하고 두터웠다. 회포가 넓고 컸으며 일을 처리함에는 정밀하고 신중하였다. 마음에는 임기응변으로 일을 처리하고자 하는 생각이 없었고, 온화하고 정직하며 자애롭고 성실한 기상이 바깥으로 넘쳐 났다. 집안에 거처함에는 말이 드물었으며 엄숙하고 삼가는 태도로 아랫사람들을 대하였다. 새벽이면 일어나 의관을 정제하는 일을 추위와 더위에도 거르지 않았으며, 밤이면 빈객이나 자제들과 더불어 고금의 일을 토론하기를 즐기어 지치는 법이 없었다.…… 벼슬에 나아가서는 아전들을 단속하고 백성을 구휼하는 일을 급무로 삼았으며, 형벌을 너그럽게 시행하고 은혜를 베푸는 일을 근본으로 삼았다.

수기치인에 충실한 올곧은 선비의 풍모가 완연하다. 입암에 이르러 하회에는 선비의 기풍이 넘쳐나게 되었으니, 자손들이 그의 제사를 지금까지 불천위로 받들고 있다.

4) 류경심(1516~1571)

류경심柳景深은 류공권의 아들이며 서애의 종숙이다. 호는 귀촌龜村이며 소과와 대과에 급제하여 주서注書로 재임하다가 다시 문과중시에서 장원급제하였다. 내직으로는 홍문관수찬, 공조와 예조의 정랑, 호조와 병조의 참판, 대사헌 등을 역임하였고, 외직으로는 회인현감, 정주목사, 나주목사, 회령부사, 평안도관찰사 등을 지냈다. 병으로 평안감사를 사직하고 돌아오던 도중에 세상을 떠나자 임금이 관곽을 하사하여 장례를 치르게 했다.

관리로서 귀촌의 재능은 특별하였던 듯하다. 태촌泰村 고상안高尙顔은 그의 문집에 귀촌의 재능을 다음과 같이 기록해 두었다.

> 대사헌 류공의 이름은 경심이다. 고을을 잘 다스려 사람들이 속일 수 없었다. 장기판을 대하여서도 송사를 처리할 수 있었는데, 손으로는 장기를 두면서 입으로는 소송의 말에 대답하였다. 두 가지가 모두 차질이 없었으니 참으로 몹시 묘한 수단을 익힌 분이다. 그러므로 부임하는 곳마다 모두가 애모하여 비석을 세우고 덕을 기렸다. 특히 군사의 일을 잘 다스려 육진六鎭의 땅에 세 차례나 부임하였다. 평안도관찰사가 되어 객관에서 돌아가시니 사람들이 모두 애석해하였다.

후일 임진왜란이 일어났을 때, 서애는 "만약 공이 살아계셨더라면 반드시 시대의 어려움을 구하셨을 터인데, 우리 같은 사람이 큰 임무를 감당할 수 있으랴!" 하고 탄식하였다 한다. 미암

眉巖 류희춘柳希春도 그를 평하여, "이 사람은 지향하는 바가 정당하고 재기가 빼어나며, 항상 백성들을 아끼고 구제하는 마음을 지니고 있었다" 하였다. 부친이 사행使行길에서 돌아가셨는데, 어머니 영양남씨가 삼년상을 마친 뒤 어린 동생들을 부탁하고 남편의 뒤를 따르자, 그는 독실한 우애로 어린 동생들을 잘 보살폈다. 문장도 뛰어나 변영청邊永淸, 장문보張文輔와 함께 '영가삼걸永嘉三傑'의 칭이 있었다. 자손들이 지금까지 불천위 제사를 봉행하고 있다.

5) 류중엄(1538~1571)

류중엄柳仲淹은 류자온의 손자이며 류공석柳公奭의 아들인데, 숙부 류공계柳公季의 양자로 들어갔다. 서애의 종숙으로 호는 파산巴山이다. 인품이 단아하고 맑았으며, 일찍부터 명리에 초연하여 자신을 수양하는 공부에 전념하였다. 종질인 겸암·서애와 나이가 비슷하여 함께 퇴계 문하에 나아가 배웠다. 학문과 도덕으로 세상에 크게 쓰일 인물이었으나 34세에 세상을 떠나자 세상 사람들이 비지賁趾 남치리南致利와 함께 '계문溪門의 안자顔子'라고 하며 애석해 했다. 눌은訥隱 이광정李光庭이 묘지명을 지어 이르기를, "(나는) 어려서부터 퇴계 선생의 글을 읽다가 (파산) 선생의 풍도를 대강 알고 사모하는 마음이 사라지지 않았다. 하늘이 선생에게 이처럼 아름다운 자질을 주시고도 수명을 조금 더 주어 대업을 이루도록 하지 않은 것을 늘 괴이하게 여겼다" 하였다. 농암聾巖 이현보李賢輔의 증손서인 관계로 농암을 향사하는 서원인 분강서원汾江書院과 고려 후기 안동 출신의 문신이었던 정평공靖平公 손홍량孫洪亮의 서원인 타양서원陀陽書院에 배향되었다. 자손들이 지금까지 불천위로 제사를 받들고 있다.

6) 류운룡(1539~1601)

류운룡柳雲龍은 류중영의 아들이자 서애의 형이며 호는 겸암謙菴이다. 부친의 분부에 따라 음직으로 벼슬에 나가, 내직으로는 전함사별좌, 의금부도사, 풍저창직장, 내자시주부, 평시서령, 사복시첨정 등을 역임하였고, 외직으로는 진보현감, 인동현감, 한성부판관, 풍기군수, 원주목사 등을 지냈다. 내직으로 근무할 때에는 재간과 국량으로 이름이 있었고, 외직으로 나가서는 정사에 규모가 있었으며 유풍을 일으키는 일에 힘썼다. 특히 인동현감을 재직할 때에는 야은 길재의 사당과 서원을 짓고 지주중류비砥柱中流碑를 세워 고을에 절의節義의 기풍을 진작시켰는데, 다산 정약용은 이 시기의 치적을 『목민심서』에 선정의 사례로 실어 두었다. 인동현에는 겸암의 선정비가 지금까지 남아 있다. 퇴계 선생의 문하에 사람들이 모여들기 전에 겸암이 먼저 나가 배우자, 선생이 몹시 중히 여겼다.

택당澤堂 이식李植은 묘갈명에서 다음과 같이 말하였다.

공은 넉넉하고 순수한 자질을 학문으로 보완하여, 일찍부터 뜻을 세워 속세에 물들지 않았다. 젊은 날에는 강개한 기상을 떨쳐 다소 모가 난 듯이 보였으나 중년 이후로는 화평과 겸손으로 다스려 기질이 한 번 변하였다. 대개 화천 언덕에 서실을 짓고 겸암이라는 편액을 걸어 스스로 호를 삼은 뒤 조석으로 수양에 마음을 다하였으니, 학문의 힘으로 이렇게 되었음을 알 수 있다.…… 옛것을 믿고 예禮를 좋아하여 관혼상제의 범절에 한결같이 세속의 누습을 씻어 없앴다. 벼슬에 있을 때는 법도를 지키고 위엄과 은혜를 함께 베풀었을 뿐 편의대로 일을 처리하지 않았으니, 비록 비방하는 말이 이르더라도 흔들림이 없었다. 아! 명종과 선조 연간에 예물을 갖추어 선비를 부르는 일이 암야巖野에 두루 미쳤는데, 영남에 특히 많았다. 공은 퇴계 선생의 훌륭한 제자였으나 어진 것으로 행세하지 않고 고을살이의 낮은 벼슬에 머무르며 처지에 따라 분수를 다하였다. 도道가 비록 드러나지 못하였으나 이름에 하자가 없으니 이 어찌 순수한 행실로 쓰임에 따르는 군자가 아니리요!

택당은 위의 글에서 겸암의 수양을 특별히 강조하였다. 이 수양은 그의 기질을 바꿔 놓았다고 했는데, 젊은 날의 강개한 기상이 중년 이후의 화평과 겸손으로 바뀌었다고 한 것이 그것이다. 이 때문에 그는 벼슬이 높지는 않았으나 하자가 없는 군자라고 할 수 있었던 것이다. 겸암은 사후에 이조판서에 추증되고 문경文敬의 시호가 내려졌으며, 풍기의 우곡서원과 하회의 화천서원에 향사되었다. 자손들이 불천위 제사를 받들고 있다.

이상에서 살펴본 인물들을 중심으로 서애 이전 류씨들의 계보를 그려 보면 다음과 같다.

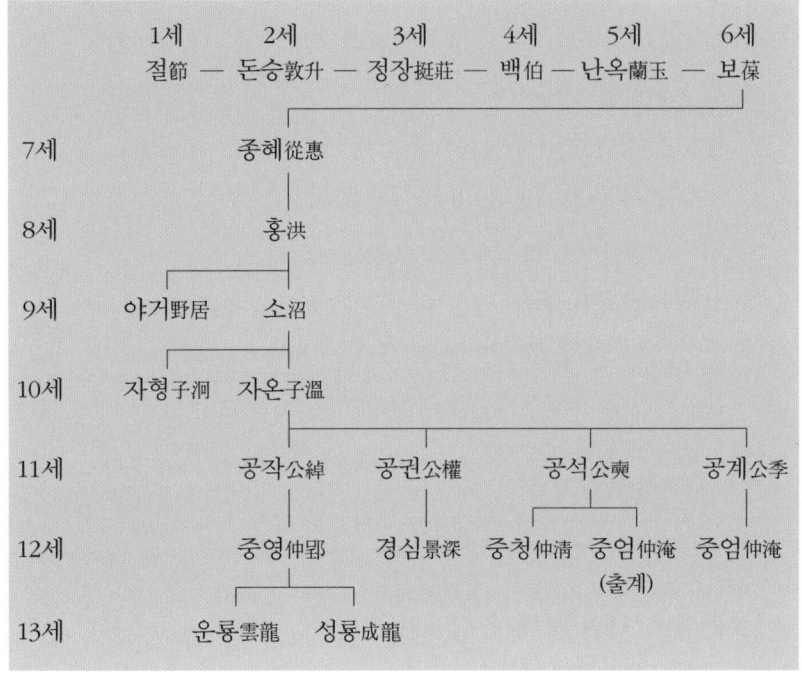

『풍산류씨세보』(출처: 영남문화연구원)

懲毖錄

제3장 서애 류성룡, 그는 누구인가

1. 서애에 대한 이긍익의 평가

공은 젊어서부터 스스로 원대한 뜻을 품어, 비록 뜻을 굽혀 과거에 급제하였으나 부귀와 영달에 초연하였다. 늘 경세제민經世濟民의 일에 뜻을 두어, 예악과 교화 이외에도 군사를 다스리고 재정을 경영하는 일에 대해 세밀하게 강구하지 않음이 없었다. 시무時務를 처리할 수 있는 재능과 실제에 쓰일 수 있는 학문을 갖추고 있었으며, 특히 임금의 마음을 바로잡는 것을 다스림을 이루는 근본으로 여겨 입대入對할 때마다 순수한 마음으로 성의를 다해 의리를 진술하기를 자세하고 간절하게 하였다. 임금이 몹시 중하게 여겨, "바라보면 저절로 공경하는 마음이 일어난다"는 말씀을 여러 차례 하였다. 현명한 임금과 어진 신하가 서로 만난 것이 말세에서 보기 드문 일이었으나, 조정의 논의가 대립되고 칭찬과 훼방이 서로 엇갈려 정책에 써 볼 수는 없었다. 전란을 만나 국가가 위태로운 때에 임무를 받아 노심초사하였다. 문서를 꾸미고 일을 시행함을 부지런하고 간절하게 함으로써 국가의 중흥을 도모한 것은 당나라의 육지陸贄에 비하더라도 못하지 않았고, 안팎으로 분주하면서 온갖 어려움을 겪은 것은 육지보다 더했으니, 대개 중흥시킨 여러 신하 가운데 공로와 업적이 가장 드러났다.

이긍익, 『연려실기술』, 18권, 「선조조 상신相臣」, '류성룡'

이긍익李肯翊(1736~1806)은 소론 계열의 조선 후기 실학자이다. 양명학자이자 명필로 유명한 이광사李匡師의 아들로 태어나 노론 집권기의 소론 인사로서 정계 진출을 단념하고 학문에 전념하여 일가를 이루었다. 특히 그의 『연려실기술燃藜室記述』은 고증학적인 학문정신에 입각하여 남북노소의 당색을 벗어난 객관적인 기술로 평가 받고 있다. 필자가 이긍익의 이 글을 주목한 이유도 바로 여기에 있다.

이긍익은 객관적 시각에서 서애를 위와 같이 개괄하였다. 이 서술은 비록 짧지만 서애의 생애가 응축되어 있어, 서애를 이해하는 데 중요한 시사점을 제시한다. 우리도 이 글을 따라가되, 서애의 연보年譜와 『실록實錄』 등의 자료들을 참고하면서 서애의 삶을 포괄적으로 살펴보기로 한다. 이를 통해 서애의 위대한 생애가 재구성되기를 기대한다.

2. 백이를 닮고자 한 유년

공은 젊어서부터 스스로 원대한 뜻을 품어, 비록 뜻을 굽혀 과
거에 급제하였으나 부귀와 영달에 초연하였다.

류성룡柳成龍(1542~1607)은 조선 중종 37년에 경북 의성 사촌의 외가에서 태어났다. 자는 이현而見이며 호는 서애西厓이다. 자는 『주역』의 현룡재전見龍在田에서 취하였기 때문에 '見'자를 '견'으로 읽지 않고 '현'으로 읽는다. 아버지는 황해도관찰사를 지낸 류중영이고 어머니는 안동김씨이며, 세 살 터울의 형은 류운룡이다. 네 살 때부터 글을 읽을 줄 알았으며, 여섯 살 때 『대학』을 배웠다. 8세에 『맹자』를 배우다가 백이伯夷를 이야기한 대목을 읽

고, 그 사람됨을 몹시 사모하여 꿈속에서 만나는 일도 있었다고 한다. 여덟 살 어린 나이에 백이숙제의 고결한 인품이 절실하게 와 닿았던 것이다. 사람마다 어린 시절에 먼저 살았던 사람을 대상으로 꿈을 가져 보지만 대개는 대통령이 된, 혹은 과학자가 된 그의 성취를 볼 뿐 그의 사람됨을 볼 줄은 모른다. 그래서 어린아이인 것이다. 그러나 서애는 그 어린 나이에 백이의 인품을 보았다. 백이가 "눈으로는 바르지 않은 것을 보지 않고, 귀로는 바르지 않은 것을 듣지 않았다"는 대목에 감동하였다고 하니, 그의 맑고 깨끗한 지조를 꿈에서조차 그리워한 것이다. 이긍익이 그를 두고 젊어서부터 원대한 뜻을 품었다고 하였으니, 그의 이런 고결한 회포를 두고 말한 것일 것이다.

    서애는 13세에 도성의 동부학당東部學堂에 들어가 『대학』과 『중용』을 강하였다. 과거에 응시하려는 도성의 유생들에게 먼저 사부학당에 들어가 두 책을 강하게 한 조령에 따른 것이었다. 이 두 책은, 분량은 적지만 내용이 심오하여 주자도 늘 『중용』이 어렵다고 하였다. 조선의 학동들은 어린 나이에 모두 이 책을 읽고 외웠지만 깊은 의미는 철이 들고서 깨우쳤다. 그러나 열세 살의 서애는 이 책들의 심오한 이치를 모두 꿰뚫고 있었다. 강관이 거듭 칭찬하며 장차 대유大儒가 되리라고 하였다. 21세 때 처음 퇴계를 찾아뵙고 『근사록』을 배웠다. 퇴계는 "이 사람은 하늘이 낸 사람이다. 장차 반드시 큰일을 할 것이다" 하였다. 눈 밝은 사람들이 일찍부터 서애의 그릇을 본 것이다.

　23세에 생원·진사의 양시에 모두 합격하고 25세에는 문과 별시에 급제하였다. 서애는 본래 과거에 뜻이 없었으나 부형의 분부에 따라 응시하였다고 한다. 즐겨서 한 일이 아니기에, 관직을 맡기 전에 좀 더 자유롭고 싶었다. 그의 이런 마음을 안 퇴계가 겸암에게 시를 보내어 칭찬하였다.

　　　아름답다! 그대 아우 비로소 급제하였는데,　　更憐賢季初攀桂
　　　세상일이 얽매고자 하니 벗어나려 하는구나.　　萬事將纏欲脫纏

　이긍익이 "뜻을 굽혀 과거에 급제하였다"고 한 말은 아마 이를 두고 한 말일 것이며, "부귀와 영달에 초연하였다"는 말도 이런 뜻일 것이다. 부귀영달에 초연한 것은 비단 이 시절 한때의 회포가 아니라 서애 평생의 회포였다. 이제 다시 이긍익의 말로 돌아가 보자.

3. 충효 사이의 벼슬길

늘 경세제민의 일에 뜻을 두어, 예악과 교화 이외에도 군사를 다스리고 재정을 경영하는 일에 대해 세밀하게 강구하지 않음이 없었다. 시무를 처리할 수 있는 재능과 실제에 쓰일 수 있는 학문을 갖추고 있었으며, 특히 임금의 마음을 바로잡는 것을 다스림을 이루는 근본으로 여겨 입대할 때마다 순수한 마음으로 성의를 다해 의리를 진술하기를 자세하고 간절하게 하였다.

25세 되던 해 10월에 급제한 서애는 11월에 승문원 권지부정자에 보임되었다. 부정자副正字는 문서의 검토를 담당하는 종구품의 벼슬이고 권지權知는 임시직이란 말이다. 급제하면 먼저 승문원의 견습생으로 보내 실무를 익히게 하던 관례에 따른 것이다. 이듬해에는 정구품의 정자正字로 승진한다. 29세에 홍문관수찬이 될 때까지 예문관 검열·대교, 성균관전적, 공조좌랑, 사헌부감찰 등의 벼슬을 거쳤고 성절사聖節使의 서장관書狀官이 되어 중국에도 다녀왔다. 특히 중국에 갔을 때는 양명학이 한창 기세를 떨치고 있던 시기였다. 사행을 구경하러 모여든 중국의 태학생들에게 주자와 대척점에 있었던 진헌장陳獻章과 왕양명을 학문의 종주로 삼고 있음을 질타하였다. 양명학 비판에 적극적이던 퇴계의 제자답다. 서애는 귀국하여 이 일의 전말을 퇴계에게 보고하여 칭찬을 들었다.

    문치와 학문을 표방한 조선에서 선비들이 가장 명예롭게 여기던 관청은 홍문관이었다. 홍문관의 벼슬은 품계가 높지 않았지만 국가가 문학지사文學之士로 인정하였음을 의미하는 자리이기 때문에 젊은 관료들은 늘 홍문관의 벼슬을 희망하였다. 서애는 29세에 홍문관의 수찬修撰이 되었다. 수찬은 임금의 교서를 만드는 지제교知製敎를 겸할 뿐만 아니라, 경연에도 참석하는 청요직淸要職이었다. 서애는 이제 학문하는 관료로 인정을 받은 것이다. 연보에, "그는 홍문관에서 벼슬하는 동안 임금의 마음을 바로잡는 것으로써 자신의 임무로 삼고 입대入對할 때마다 성의를 다하여 의리를 진술하되, 고금을 인용하며 정밀한 뜻을 분석하여 납득이 가도록 간곡하게 설명하였다"라고 하였다. 이런 서애를 임금은 칭찬하고, 사대부들은 으뜸가는 강관으로 인정하였다. 그때 부제학으로 있던 류희춘은, "류 수찬처럼 어려운 일을 실행하도록 권고하고 착한 도리를 말해 주는 사람이 어찌 다시 있으랴!" 하고 감탄하였다.

 이해 12월에는 이조좌랑이 되었고, 이듬해 3월에는 병조좌랑으로 옮겼다가 가을에 휴가를 얻어 고향으로 내려왔다. 서애는 이미 벼슬길에 매인 몸이 되었으나, 그의 마음은 늘 학문과 자연에 있었다. 어렵사리 고향에 돌아온 그는 화천의 서쪽 언덕(西厓)에 독서당을 짓고 싶었으나 터가 마땅치 않아 결국 이루지 못했다. 그는 이때부터 서애라는 호를 사용하며 이루지 못한 독서당의 꿈을 기탁하였으니 그의 나이 서른 살 때였다. 후일 겸암은 서애라 불리던 이곳의 이름을 상봉대翔鳳臺로 고쳤고, 겸암의 증손 류세철柳世哲은 이곳에 상봉정翔鳳亭을 지었다.

 서애는 38세에 통정대부로 승자陞資하여 승정원 동부승지가 되면서 당상관이 되었다. 그 사이에 홍문관의 부교리·교리·전한·부응교·응교·직제학을 역임하였고, 그 밖에도 사간원의 헌납과 사간, 의정부의 검상과 사인, 사헌부장령, 군기시정 등의 벼슬에 제수되었다. 홍문관의 벼슬을 특히 여러 차례 역임한 것은 조정이 그의 학문을 높이 보았기 때문일 것이다. 당상관은 조선조 관료사회의 꽃이다. 당상관은 마루에 올라 의자에 앉아서 정사를 보았고, 띠는 금으로 장식하고 갓은 은으로 꾸밀 수 있었으며, 호패는 상아로 만들었다. 당하관은 국사의 실무를 담당할 뿐이지만 당상관은 국가의 정책을 입안하고 판단하는 자리였으니 오늘날의 고위공무원에 해당한다. 서애는 25세에 종구품 권지부정자로 출발하여 13년 만인 38세에 당상관이 되어 정삼품 동부승지가 되었으니 순조로운 벼슬길이었다.

그러나 서애는 당상관이 그리 달갑지 않았던 듯하다. 당상관이 되기 전부터 그는 늘 고향에 홀로 계신 모친을 봉양하기 위해 물러가기를 청하였고, 당상관이 되고 난 뒤에도 물러가고자 하였다. 여러 차례의 청원을 불허하던 임금은 이듬해 모친을 봉양할 수 있도록 그를 상주목사에 임명했다. 그러나 조정은 그를 지방에 오래 두지 않았다. 1년도 채 되지 않은 이듬해 정월에 홍문관부제학으로 불러올렸고, 그 이듬해에는 대사간으로 임명하였다. 다시 도승지로 특진시켜 명나라의 사신을 접대하게 하였으며, 사신이 돌아가고 난 뒤에는 품계를 종이품 가선대부로 올리고 사헌부대사헌으로 임명하였다.

서애는 1583년 10월에 42세의 나이로 경상도관찰사가 되었다. 그 이전에 함경도관찰사에 임명된 적이 있으나 모친의 병환으로 사직하고 부임하지 않았으니, 그로서는 최초의 방백方伯이 된 셈이다. 영남은 땅이 넓고 인구가 많아 일이 많고 복잡하였다. 서애는 좌우로 응수하여 물 흐르듯 판결하였으며, 일을 공정하게 처리하고 폐단을 혁신하였으니, 부임한 지 몇 달이 안 되어 기강이 바로 서고 교화가 널리 퍼졌다고 한다. 서애를 곁에 두고 싶었던 임금은 이듬해 7월에 다시 홍문관부제학으로 불러올렸다가 곧 정이품 자헌대부로 품계를 올리고 예조판서 겸 홍문관제학으로 승진시켰다. 서애의 생애에서 처음으로 판서가 된 것이다. 즉시 사직소를 올렸으나 윤허되지 않았다. 1588년 47세 때에는 형조판서에, 이듬해에는 대사헌·병조판서·예조판서·이조판서에 차례로 임명되었다.

1590년, 49세의 서애는 품계가 대광보국숭록대부로 오르고 우의정이 되었다. 정승이 된 것이다. 다시 종계변무宗系辨誣의 공으로 공신이 되어 풍원부원군豐原府院君에 봉해졌으며, 이듬해에는 좌의정이 되었다. 종계변무는 명나라의 『대명회전大明會典』에 태조 이성계가 이인임李仁任의 아들이라고 잘못 기록된 것을 200여 년 만에 바로잡은 사건이다.

1591년은 임진왜란이 발발하기 1년 전이었으며, 병란의 기미를 헤아리고 있던 좌의정 서애의 기민한 대응이 돋보이는 한 해였다. 일본에 갔던 통신사들이 받아 온 답서에, "군대를 거느리고 명나라에 쳐들어가겠다"라는 말이 있었다. 조정에서는 이를 명나라에 알리는 일을 두고 의견이 나뉘었다. 영의정 이산해李山海는 일본과 내통하였다는 의심을 받을 우려가 있다고 하여 알리지 말자고 하였으나, 서애는 오히려 명나라의 의심을 풀기 위해 알려야 한다고 주장하였다. 결국 서애의 의견이 채택되어 사신이 파견되었고, 여러 경로로 일본의 동태를 파악하고 있던 명나라는 유독 조선의 첩보가 없음을 의심하고 있다가 비로소 의심을 풀고 포상하는 칙서를 보냈다.

  이해에 서애는 권율과 이순신을 장수의 재목으로 추천하여 각각 의주목사와 전라좌도수군절도사로 임명하였다. 특히 종육품의 정읍현감으로 있던 이순신을 정삼품의 전라좌수사로 발탁한 것은 놀라운 지인지감이 아닐 수 없다. 후일 성호星湖 이익李瀷은 충무공을 발탁한 일을 서애 최고의 공훈이라 하였으니, 충무공의 활약상에 비추어 본다면 지나친 말이 아니다. 서애는 또 당대 최고의 장수라는 평이 있던 이일李鎰을 경상우병사로 보내어 만약의 사태에 미리 대비할 것을 계청하였으나, 뛰어난 장수는 서울에 두어야 한다는 공론에 밀려 이루어지지 않았다. 후일 전쟁이 터진 후, 이일은 서울에서 내려가느라 시일을 지체하여 방어의 시기를 놓쳤다. 서애는 인물만 추천한 것이 아니다. 국방제도의 개혁에도 진력하여, 1555년의 을묘왜변 이후로 제승방략制勝方略체제로 편제되어 있던 지방군제를 진관鎭管체제로 개편할 것을 건의하였다.

  제승방략이란 유사시에 각 읍의 수령들이 소속 군사를 이끌고 본진을 떠나 지정된 방위지역으로 가서 서울에서 파견된 장수나 그 도의 절도사를 기다려 지휘를 받는 전술이다. 그러므로 전열을 정비하는 데 시일이 많이 소요되었고, 자신의 거주지를 방어하는 것이 아니라 일종의 파견부대적 성격을 띠기 때문에 방어의 적극성이 떨어질 우려가 있었으며, 후방지역에는 군사가 없기 때문에 일차방어선이 무너지면 대책이 없는 단점이 있었다. 다만 국지전에는 효과가 있었으나, 전방위적인 전면전에는 한 번 패하면 수습할 길이 없었다.

　　진관체제는 세조 때 정비된 군제로, 전국에 주진主鎭을 두고, 그 밑에 몇 개의 거진巨鎭을 설치하였으며, 다시 거진 산하에 여러 개의 작은 진을 설치한 지방군사조직이다. 주진의 책임자는 각 도의 병마절도사兵馬節度使로 임명하고, 거진의 책임자는 절제사節制使와 첨절제사僉節制使를 두되 지방관인 부윤이나 목사 및 부사가 이를 겸직할 수 있도록 하였다. 아울러 여러 개의 작은 진에는 동첨절제사同僉節制使와 절제도위節制都尉를 두었는데 이 역시 군수와 현령 및 현감이 겸직하도록 하였다. 각 진관은 평상시 주진의 통제를 받았으나 유사시에는 독자적인 작전권을 행사하는 향토방위군이었다. 그러므로 한 진관이 무너지더라도 다른 진관이 방위할 수 있는 장점이 있었다. 서애는 다음과 같이 주청하였다.

> 건국 초기에는 각 도의 군사를 진관에 나누어 소속시켜, 사변이 일어나면 진관에서 소속된 고을의 군사를 통솔하여 주장의

호령을 따르도록 하였습니다. 그래서 한 진鎭이 패하더라도 다른 진이 차례로 군대를 독려하여 굳게 지킬 수 있어 바람에 쓸리듯이 무너지는 지경에는 이르지 않을 수 있었습니다.

지난 을묘왜변 이후 분군법分軍法으로 바꾸어, 각 고을을 순변사·방어사·조방장·도원수·병사·수사에게 나누어 소속시키고 제승방략이라고 이름 하였습니다. 이에 진관이란 명칭이 남아 있지만 실상은 서로 관련이 없어, 만일 급박한 상황이 되면 원근의 군사를 모두 동원하여 장수가 없는 군사가 들판에 모이게 됩니다. 장수가 미처 도착하기 전에 적군의 공격을 받으면 군사들은 겁부터 먹게 되니, 이것은 반드시 무너지게 되는 길입니다. 군사들이 한 번 무너지면 다시 모으기 어려우니, 흩어진 후에 장수가 이르더라도 누구와 더불어 적군을 상대하여 싸우겠습니까.

조종조祖宗朝에 실시하였던 진관제도를 다시 쓰는 것만 못합니다. 평시에 훈련시키기가 쉽고 일이 있으면 소집할 수 있어 고을과 고을이 서로 호응하고 중앙과 지방이 서로 의지하여 수습할 수 없을 정도로 무너지는 지경에는 이르지 않을 것이니, 유사시에 유리합니다.

임금은 서애의 건의를 받아들여 각 도에 하달하였으나 경상감사 김수의 반대로 흐지부지되고 말았다. 후일 임진왜란이 발발하자, 제승방략의 체제에 따라 문경을 비롯한 여러 고을의 군사들이 먼저 대구에 모여 순변사巡邊使를 기다렸으나 순변사의 도착이 늦어 적군과 대치하다가 싸워 보지도 못하고 흩어졌다. 순변사 이일李鎰이 상주에 도착하여 며칠을 두고 군사를 모집하였지만 겨우 농민 수백 명밖에 모으지 못하여 대패하였다. 서애의 우려는 적중하였다.

　25세에 급제하고부터 이때까지 서애의 관료생활은 이긍익의 말처럼 늘 경세제민經世濟民을 위한 것이었다. 태평의 시대에 예악과 교화를 힘쓰는 문신의 풍모와 병란의 조짐을 헤아려 세심하게 대비하는 무신의 안목을 두루 갖춘 문무겸전의 서애였다. 홍문관에 벼슬하며 경연에 참석할 때는 임금의 마음을 바로잡는 것을 다스림의 근본으로 삼았으니 퇴계로부터 배운 위기지학爲己之學의 영향일 터이다. 조선 건국 이후 초유의 병화가 눈앞에 이르렀는데, 다행히 조선 조정에는 서애와 같은 인물이 있었던 것이다. 이제 다시 이긍익의 이야기로 돌아가 보자.

4. 서애를 알아본 선조대왕

임금이 몹시 중하게 여겨, "바라보면 저절로 공경하는 마음이 일어난다"는 말씀을 여러 차례 하였다.

인사가 만사라는 말이 있지만 인재를 적재적소에 가려 쓰는 것은 예나 지금이나 쉬운 일이 아니다. 특히 왕조시대의 관료는 임금의 지우知遇가 없이는 요직에 발탁되기 어려운 측면이 있었다. 이런 점에서 적어도 임진왜란이 발발하기 전까지 서애는 행운아였으며, 그 행운에 힘입은 서애가 50세에 좌의정이 되어 이순신을 발탁할 수 있었던 것은 조선의 행운이었다. 학문과 인품과 능력이 아무리 탁월하였더라도 이를 알아준 임금이 없었다면 불가능한 일들이 서애의 벼슬길에서는 계속되었다. 하늘은 아직 조선을 버리지 않았던 것이다.

서애에 대한 선조의 배려는 각별하였다. 25세 급제하여 38세에 당상관이 되기까지 서애는 줄곧 내직으로만 돌았다. 당하관 시절에 대부분의 관료들이 한 번쯤은 거치는 그 흔한 현감·현령도 하지 않았다. 선조가 늘 곁에 두고 싶어했기 때문이다. 그것도 홍문관의 벼슬을 주어 경연에 참석하게 하면서 자주 보고 싶어했다. 서애의 지방관 이력은 39세의 상주목사가 처음이었다. 노모를 봉양하기 위해 해마다 거듭 간청한 결과였다. 이때 선조가 그를 임명한 과정이 재미있다.

마침 상주목사가 결원이 되었다. 이해에도 서애는 슬프고 간절한 내용으로 노모의 봉양을 청하는 상소를 올려 둔 터였다. 선조는 서애의 상소에 대해, "참으로 사정이 절박하구나. 내 마땅히 유념하겠다" 하고 비답을 내린 일을 떠올렸다. 선조는 상주에서 안동까지의 거리를 이조에 물었다. 하루에 갈 수 있는 거리라는 대답을 듣고 서애를 임명하였다. 부임 인사를 위해 들어온 서애를 불러서는 지방관으로 나가고자 하는 뜻을 하는 수 없이 들어주었다고 하였다. 보내기 싫었지만 효심을 저버릴 수 없어 부득이 보낸다는 뜻이다. 아울러 "그대를 상주목사로 삼은 것은 이웃 고을 관리들이 본받도록 한 것이다" 하였다. 그를 벼슬아치들의 모범으로 본 것이다. 이렇게 보낸 서애를 1년도 채 되지 않은 시점에서 다시 중앙으로 불러올린다.

이런 일도 있었다. 서애는 42세 때 경상도관찰사가 되었다. 이듬해 고향 상주에 머무르고 있던 좌의정 소재蘇齋 노수신盧守愼이 올라왔다. 임금이 서애가 관찰사의 직무를 수행하고 있는 상황을 물었다. 소재는 공명하고 어진 덕을 갖추어 정치를 잘한다는 칭송이 자자하다고 대답하였다. 이 말을 듣고 선조는, "그런가! 그 사람이 재능도 있고 학문도 있음을 내가 안 지가 오래다" 하고는 부제학으로 불러올렸다. 역시 1년도 되지 않은 시점이었다.

부제학으로 불려온 서애는 곧 예조판서에 임명되었다. 간곡한 사직소를 올렸는데, 임금이 온유한 비답을 내리고는 허락하지 않았다. 그 비답에 이르기를, "그대의 학문으로 말하자면 장구章句나 따지는 천박한 선비가 아니며, 재능으로 말하자면 충분히 큰일을 감당할 만하다. 그대를 나만큼 아는 이가 없으니 예조의 장관으로는 그대만이 적격자이다. 직무에 충실하고 다시는 사양하지 말라" 하였다. 선조는 늘 서애를 잘 안다고 이야기한다. 학문과 능력에 대한 특별한 지우가 아닐 수 없다.

서애가 좌의정으로 있던 50세 때의 일이다. 대제학 황정욱黃廷彧이 탄핵을 받아 파면되자 임금이 영의정 이산해에게 대신할 사람을 물었다. 이산해가 서애를 추천하자 임금이 "나의 뜻과 같다" 하였다. 다음 날 여러 대신들을 불러 후임을 추천하되 격식에 구애받지 말고 적격자를 추천하게 하였다. 대신들이 김성일金

誠一과 이덕형李德馨, 이성중李誠中의 3인을 추천하였는데, 임금이 "일반적인 격식을 무시하고 좌의정이 겸직하도록 하라" 하였다. 대제학은 나라의 학문을 저울질하는 자리이기에 문형文衡이라고도 한다. 직품은 정이품이지만 학문과 도덕이 뛰어나고 가문에도 하자가 없는 석유碩儒를 임명하니 문치를 표방한 조선에서 가장 명예로운 벼슬이었다. 선조가 일반적인 격식에 구애받지 말라고 한 것은 서애가 이미 정일품의 좌의정으로 있었기 때문이다. 대신들이 임금의 뜻을 헤아리지 못하고 서애를 추천하지 않자 직접 임명한 것이다. 참으로 각별한 지우였다. "바라보면 저절로 공경하는 마음이 일어"나지 않았다면 있을 수 없는 일이었을 것이다. 이런 서애였으나 일부의 시각은 달랐던 모양이다.

5. 붕당의 갈림길에서

현명한 임금과 어진 신하가 서로 만난 것이 말세에서 보기 드문 일이었으나, 조정의 논의가 대립되고 칭찬과 훼방이 서로 엇갈려 정책에 써 볼 수는 없었다.

이긍익은 또한 위와 같이 말했다. 이때 조정에는 동인과 서인의 붕당이 있었고, 동인은 다시 남북으로 갈라질 조짐이 있었다. 잘 알려진 바와 같이, 1572년 윤2월에 이조정랑 오건吳健이 물러가면서 후임으로 김효원金孝元을 추천하자, 심의겸沈義謙이 척신 윤원형의 문객이었다는 이유로 반대하였다. 1574년에야 어렵사리 이조정랑이 된 김효원은 이듬해에 자신의 후임으로 심의겸의 동생 심충겸沈忠謙이 이조정랑에 천거되자 명종비 인순왕후의 동생이라는 이유를 들어 반대한다. 역시 척신임을 들어 반대한 것이다. 이 일을 계기로 김효원의 입장을 지지하는 인사들이 동인이 되었고, 심의겸의 견해를 따르는 인사들이 서인이 되었다. 동인의 인사들로는 이산해·김우옹·류성룡·허엽·이발·우성전 등이 지목되었고, 서인의 인사들로는 정철·윤두수·박순·김계휘·구사맹·홍성민 등이 지목되었다.

한때의 해프닝으로 끝날 수 있었던 이 일은 불행하게도 두고두고 조정을 양분하는 결과를 초래하였다. 기실 김효원은 퇴계와 남명의 문하에서 배운 청렴한 선비로서 신진 사류들의 존경을 받고 있었고, 심의겸 역시 한때 권신의 발호를 막고 사림을 보호한 인물로서 명망이 높았다. 장점이 많았던 두 인물이 각각 정당한 이유를 들어 견해를 밝히니 따르는 사람들이 있게 된 것이다. 이조정랑은 문관의 인사권을 행사하는 요직이다. 그러므로 임금의 외척과 관련된 사람이 맡아서는 곤란하다는 견해는 타당성이 있지만, 김효원이 윤원형의 문객이라는 말은 지나친 것이었다. 윤원형의 사위인 이조민의 친구였던 관계로 처가살이하던 그를 따라 잠시 윤원형의 집에 기거한 적이 있었을 뿐, 윤원형과의 교분은 없었던 것으로 알려져 있다. 심충겸 역시 『실록』의 졸기卒記에 의하면, 늘 조정의 의론이 불화함을 개탄하며 당파를 초월하여 벗을 사귀고 심지어 조정의 화평을 이루려는 생각에서 손자의 이름을 정화廷和라고 짓기까지 한 식견 있는 인사였다. 인물을 보지 않고 척신이라는 이유만으로 배척한 것 역시 과도한 측면이 있다.

　　아무튼 후일 서애는 동인으로 분류되지만, 분당의 초기에 그가 관련된 것은 아니었다. 동서 분당의 출발인 김효원의 이조정랑 추천은 1572년이었지만 이때는 심의겸의 반대로 무산되었을 뿐 대립이 심각한 것은 아니었다. 동서의 대립이 심각해진 것은 1574년 8월에 이조정랑이 된 김효원이 이듬해 1575년에 심충겸의 이조정랑 추천을 반대하면서부터였다. 을해년인 1575년에 비로소 동서의 대립 구도가 갖추어졌기 때문에 이를 을해당론乙亥黨論이라 한다. 서애는 이때 조정에 없었다. 1573년 7월에 부친상을 당하여 1575년 9월에 탈상할 때까지 줄곧 하회에 있었으며, 탈상 뒤에도 조정의 부름을 받았으나 모두 사퇴한 채 고향에 머무르다가 이듬해 1576년 4월에야 비로소 사간원헌납이 되어 상경하였다. 서애는 분당의 초기에 분당으로부터 온전히 비켜 있었을 뿐 아니라, 오히려 분당을 늘 걱정하고 있었다.

　　서애가 42세이던 1583년 5월, 부제학으로 재직 중이던 서애는 휴가를 얻어 고향으로 돌아왔다. 서애의 연보는 이 일을 기록하면서 다음과 같이 말하고 있다.

　　동서의 당론이 처음 일어날 때부터 선생은 이미 깊이 우려하고 있었다. 뜻을 같이하는 여러 사람들과 힘써 조화를 이루고 진정시키고자 하였으나 끝내 뜻을 이루지 못하였다. 이때에 이르러 붕당의 폐해가 더욱 심하여 서로 밀어 주고 당겨 주곤 하였다. 선생은 조정에 있기 싫었고 대부인께서 또한 노환 중이시라 근친을 핑계로 고향에 내려와 계셨다.

흔히들 서애를 동인의 영수라고 하지만 그의 위상과 지위가 그러하였을 뿐, 서애 자신은 적극적으로 당론을 주도하는 입장에 서기 싫었던 것이다. 절충하고 타협하여 조화를 이루고자 하였으나 뜻대로 되지 않는 벼슬길에 환멸을 느낀 서애였다. 그런 그가 조정에 있었지만 조정의 형세는 이미 되돌릴 수 없는 지경이 되었고, 서애에 대한 비방도 일어나게 된다.

서애가 붕당이 싫어 고향에 내려와 있던 즈음에 종실인 경안령慶安令 이요李瑤가 임금을 면대하였다. 그가 말하였다. "조정이 안정을 잃고 동서로 갈라져서 정사가 여러 곳에서 나오고 있으며, 류성룡·이발·김효원·김응남 등은 동편의 우두머리들로서 저희들 멋대로 하는 일들이 많으니 제재해야 합니다." 이에 대해 양사兩司에서는 "요가 근거 없는 말로 그물을 쳐서 잡는 불씨를 만들려 하고 있다"고 논하여 파직을 청하였다. 임금이 답하기를, "요가 아뢴 내용도 자못 일리가 있는 말들이었다. 내가 비록 덕이 부족하고 우매하지만 그렇다고 아주 어리석은 임금은 아니다. 이번 일은 요에게 하등의 죄를 내릴 이유가 없는 것이다. 지금 이 말이 어찌하여 내 귀에 들어왔겠는가" 하고 윤허하지 않았다. 『실록』에 있는 내용이다.

　서애를 총애하던 선조였으나 붕당의 폐해를 절감하고 서애에게도 책임을 묻고자 한 것이다. 선조는 서애를 변방인 함경도의 관찰사로 임명하였다. 일종의 문책성 인사였다. 우의정 정지연鄭芝衍이 차자를 올려 경연에 있던 유신儒臣에게 변방의 책임을 맡기는 일은 마땅치 않다 하였고, 동강東岡 김우옹金宇顒도 상소하여, "지난날 경안령 요가 문득 류성룡 등을 지적하여 조정의 권력을 멋대로 한다는 구실로 멀리 쫓아내려고 하였으나, 류성룡 등은 모두 청렴하다는 높은 명망으로 사림에 큰 비중을 차지하고 있으니, 참으로 국가에 귀중한 신하입니다. 요의 말이 한 번 나오자 선비들은 잠을 제대로 이루지 못합니다" 하였다. 서애는 모친의 병환을 이유로 상소하여 사퇴하였다.

　서애가 예조판서로 재직할 때 의주목사 서익徐益이 상소하여, "정여립鄭汝立이 이이李珥에게 보낸 글에 '크게 간악한 자(巨奸)가 아직 있다' 라는 말이 있으니, 크게 간악한 자란 류성룡을 지적한 것입니다" 하였다. 임금이 승정원에 보낸 「비망기備忘記」에서 이르기를, "류성룡은 군자다. 당대의 대현이라 할 만한 사람이다. 그 사람을 보고, 그의 말을 들으면 저절로 심복하게 되는데, 어찌 그만한 학식과 기상을 가진 사람이 크게 간악한 자가 될 이치가 있겠는가. 어떤 간 큰 자가 감히 이런 말을 하였는가?' 하였다. 역시 선조였다. 서애가 붕당의 책임으로부터 자유롭지 않음은 인정하였으나, 그를 '거간巨奸'으로 지목한 것은 용납할 수 없었던 것이다. 임금이 살아 있는 신하를 두고 군자며 대현이라고 한 것은 범상한 일이 아니다.

선조의 『실록』은 두 가지이다. 광해군 때 북인들이 편찬한 『실록』을 인조반정 이후에 서인들이 다시 편찬한 것이다. 이것이 『선조수정실록』이다. 이 두 가지 『실록』에 모두 서애의 사후에 그를 평가한 졸기가 있다. 긍정적인 평가와 부정적인 평가가 섞여 있는데, 특히 서인들의 손에서 나온 글이 혹독하다. 두 『실록』에서 부정적으로 언급한 내용을 한 대목씩 살펴보자.

> 규모가 조금 좁고 마음이 굳세지 못하여 이해가 눈앞에 닥치면 흔들림을 면치 못하였다. 그러므로 임금의 신임을 얻은 것이 오래였었지만 직간했다는 말을 들을 수 없었고, 정사를 책임지는 자리에 있었으나 나빠진 풍습을 구하지 못하였다.
>
> 『선조실록』, 졸기

국량局量이 협소하고 지론持論이 넓지 못하여 붕당에 대한 마음을 떨쳐 버리지 못한 나머지 조금이라도 자기와 의견을 달리하면 조정에 용납하지 않았고, 임금이 득실을 거론하면 또한 감히 대항해서 바른대로 고하지 못하여 대신大臣다운 풍절風節이 없었다.

『선조수정실록』, 졸기

정철鄭澈의 옥사 처리 문제를 두고 강온으로 의견이 나뉜 동인은 결국 남북으로 갈라지게 되고, 서애와 이산해는 각각 남인과 북인의 영수가 된다. 광해군의 옹립에 공을 세워 정권을 잡은 북인들이 『선조실록』을 편찬함으로써, 남인과 서인에 대한 기술이 공정하지 못하다는 의견이 있었다. 이를 바로잡고자 서인이 주도하여 편찬한 『선조수정실록』 역시 남인과 북인에 대한 편견이 없지 않았다.

북인들은 서애가 유약하여 직간하지 못했다고 하였고, 서인들 역시 임금에게 대항하여 바른 소리를 못했다고 하였다. 서애는 성품이 너그럽고 유연하였다. 붕당이 나뉜 조정에서 항상 양편을 설득하여 조화를 이루고자 하였다. 이런 점이 사관들의 눈에 직간을 못하는 사람으로 보인 모양이다. 그러나 서애는 할 말은 하는 사람이었다. 이런 일이 있었다.

1577년 겨울에 인종비 인성대비仁聖大妃가 승하했다. 인성대비는 선조에게 사적으로는 백모이다. 예관과 대신들이 의논하여 임금이 기년복期年服을 입도록 주청하였다. 서애가 반대하고 나섰다. 인종과 명종은 비록 형제이지만 왕통王統으로 보면 부자관계가 되고, 명종의 양자가 되어 왕통을 이은 선조에게 인성대비는 조모가 된다. 그러므로 선조는 아버지인 명종을 대신하여 삼년복三年服을 입어야 한다고 주장하였다. 임금이 이 견해를 즉각 받아들이지 않았다. 밤새도록 계청하여 닭이 울 때에 이르러서야 비로소 윤허를 얻었다.

서애가 예조판서로 있을 때의 일이다. 임금이 부마駙馬감을 마음으로 정해 두고, 부마를 고를 때 이씨 성을 피하지 말도록 예조에 분부하였다. 서애가 같은 성과 혼인하지 않는 예법을 들어 반대하였다. 오호십육국시대에 유총劉聰이 유은劉殷의 딸을 왕비로 삼은 일을 두고 『통감강목通鑑綱目』에서 "개와 양이 교잡하였다" 한 사실과, 당나라 소종昭宗이 이무정李茂貞의 아들을 부마로 삼은 것은 권신의 압력으로 어쩔 수 없이 한 일이었음을 말하였다. 말이 격하였으나 임금은 서애의 말을 따랐다. 할 말은 하는 서애였던 것이다.

그러나 다음과 같은 글을 보면 북인이든 서인이든 직필直筆을 소중히 여겼던 사관들의 말도 음미해 볼 여지가 있다. 김시양金時讓(1581~1643)의 『부계기문涪溪記聞』에 실려 있는 서애에 대한 평가다.

> 류서애는 젊어서부터 문장과 학행으로 추앙을 받았다. 비록 오랫동안 정승의 자리에 있었으나 청빈하기가 가난한 선비와

같았다. 정사를 공정하고 밝게 하여 사람들이 감히 사심으로 요구하지 못하였다. 임진의 난리가 일어난 뒤에는 공이 수상으로서 나라를 맡아 부지런히 경영하여 마음을 태우고 정성을 다하였다. 무릇 국가에 이익이 되는 일이면 다른 사람의 반대를 개의치 않았으니, 훈련도감을 설치한 것이나 양반과 노비를 군적에 포함시킨 일, 공납貢納의 폐단을 개혁한 일 등은 지금까지 혜택을 보고 있다. 악한 것을 물리치고 선한 것을 권장하는 일에 다소 형적이 남아, 마침내 이 때문에 간사한 무리들의 참소를 입게 되었다. 벼슬을 버리고 안동의 옛집으로 돌아가 10년을 살다가 작고하자 조야에서 모두 애석하게 여겼다. 그러나 천성이 겸손하며 말이 온화하고 공손하여 일찍이 남을 대하여 안색이 달라진 적이 없었기 때문에 강직한 기풍이 적었으니, 모든 것을 갖추기를 요구하는 이가 유감이 없을 수 없었다.

서애의 생애와 업적을 높이 평가하고 있으나 마지막 단락에서 강직한 기풍이 적었음을 완곡하게 이야기하였으니, 아마 당대의 사람들 사이에는 서애의 온유함이 지나치다고 보는 견해도 있었던 듯하다.

6. 전란 속에 세운 재조산하의 공

전란을 만나 국가가 위태로운 때에 임무를 받아 노심초사하였다. 문서를 꾸미고 일을 시행함을 부지런하고 간절하게 함으로써 국가의 중흥을 도모한 것은 당나라의 육지陸贄에 비하더라도 못하지 않았고, 안팎으로 분주하면서 온갖 어려움을 겪은 것은 육지보다 더했으니, 대개 중흥시킨 여러 신하 가운데 공로와 업적이 가장 드러났다.

이긍익의 마지막 이야기이다. 이긍익이 서애를 육지에 비유한 것은 참으로 절묘하다. 육지는 당나라 덕종德宗 때의 재상이다. 덕종은 총명하였고 정치를 잘해 보려는 포부도 있었으나, 덕이 부족하였고 공이 많은 대신들을 의심하였다. 조선의 선조를 많이 닮았다. 그는 절도사들의 권력이 커지는 것을 우려하여 그동안의 관례였던 절도사의 부자세습을 인정하지 않았다. 급기야는 회서절도사 이희열이 반란을 일으켜 하남의 양양을 공격하였고, 이를 막기 위해 장안으로 불러들인 경원절도사 휘하의 장병들이 오히려 반란을 일으켜 장안을 점령하였다. 덕종은 급히 봉천으로 피난을 갔고, 조칙을 받고 구원하러 온 삭방절도사 이회광이 오히려 반군에 가담하자 다시 한중으로 도망갔다. 이때 병란의 처음부터 끝까지 황제를 호종하며 진력한 신하가 육지였다.

 육지는 황제를 설득하여 자책하는 조서인 이른바 「죄기조罪己詔」를 반포하게 하였다. 물론 육지가 지은 글이다. 조서를 들은 아군의 병사들은 통곡하였고, 반군의 장수들은 이 조서를 보고 감동하여 사죄하며 귀순하였다. 명문이었던 것이다. 육지가 조정에 벼슬하여 한림학사가 되면서부터 공문과 조서詔書들이 모두 그의 손에서 나왔으며, 전쟁 기간의 복잡다단한 상황에서도 간절하고 곡진한 글들을 황제에게 올렸다. 이 글들은 『육선공주의陸宣公奏議』로 간행되어 지금까지 전하고 있다. 육지는 장안을 수복한 뒤에 재상이 되어 전후 처리에 힘을 다하였으나, 공이 커지는 것을 싫어하던 임금과 간신들의 모함으로 충주별가忠州別駕로 좌천되었다. 충주는 지금의 사천성 충현忠縣이니 벽지이며, 별가는 수령을 보좌하는 자리이다. 재상을 지내다가 수령보좌역으로 나간 육지는 그곳에서 죽는다. 선조가 덕종을 닮았듯이, 서애의 재능과 상황은 육지와 닮은 점이 많았다. 육지는 난국을 수습하는 역량이 뛰어났고, 군무에 밝았으며, 지인지감이 있었다. 이긍익은 서애가 문서를 꾸미고 중흥을 도모한 공은 육지와 비슷하지만 고초를 겪으며 분주히 국사를 처리한 것은 육지보다 윗길이라고 하였다. 과장된 말이 아니다. 우선 서애는 문서를 다루는 능력이 탁월하였다. 신흠申欽(1566~1628)의 이야기를 들어 보자.

> 관리로서의 재능이라는 것은 바로 문서를 처리하는 재주이므로 귀하게 여길 것이 없으나, 재상으로서 관리의 재능이 있는 자는 얻기가 어렵다. 내가 젊은 날 조정의 명부 끝에 이름을 올려 훌륭한 분들 틈에서 낭관의 벼슬을 하면서 보니, 오직 서애 류성룡, 한음 이덕형, 백사 이항복 같은 분들만이 관리의 재능이 탁월하였다. 임진년과 계사년에 왜구가 넘쳐나고 명나라 군사가 성에 가득해 있던 날에 급한 보고가 한창 교차하고 왕래하는 문서가 산더미처럼 쌓였다. 서애공이 관청에 도착하면 내가 글씨를 빨리 쓴다고 하여 반드시 나에게 붓을 잡으라고 시키고는 입으로 불러 글을 이루는데, 여러 장의 글을 풍우처럼 빨리 부르므로 붓을 쉬지 않고 쓴 글이지만 한 자도 고칠 것이 없이 찬란하게 문장을 이루었다. 비록 명나라에 보내는 자문咨文이나 주문奏文이라 할지라도 또한 그러하여, 왕명을 받

고 글을 지어 올리는 벼슬을 맡고 있는 신하들도 그 글을 가감할 수 없었으니 참으로 기이한 재주였다. 한음과 백사라면 아마 그 짝이 될 수도 있을 것이다.

『상촌고象村稿』, 「춘성록春城錄」

서애는 사태 파악과 업무 처리 능력도 탁월하였다. 그러므로 이순신과 권율을 발탁할 수 있었고, 전란을 겪으며 복잡다단한 업무를 기민하게 수행할 수 있었다. 남구만의 아들인 남학명南鶴鳴(1654~1722)의 『회은집晦隱集』에는 서애의 사태 파악 능력을 알 수 있는 재미있는 말이 있다.

영남 사람들이 완평부원군(李元翼)과 서애를 비교하여 말하기를, "완평은 속일 수는 있으나 차마 속이지 못하겠고, 서애는 속이려고 해도 속일 수 없다"고 하였다.

『회은집』, 「잡설·언행」

이원익은 이항복·이덕형과 함께 혼조삼이昏朝三李로 불리며, 임란을 수습하기 위해 진력한 명망 높은 인물이다. 덕이 높았으나 사태 파악 능력은 서애보다 못하였던 모양이다. 이긍익은 중흥시킨 여러 신하 가운데 서애의 공로와 업적이 가장 드러났다고 하였다. 임란 중흥의 으뜸가는 공을 서애에게 돌린 것이다. 비단 이긍익만 서애의 공을 높이 평가한 것은 아니다. 서애의 연보에는 다음과 같은 이야기가 실려 있다. 왜란이 일어난 그 다음 해인 1593년 윤11월의 일이다.

> 명의 사신 사헌司憲이 당도하자, 선생이 벽제역에서 영접하였다. 사헌이 선생을 맞아들여 다정하게 이야기하다가 말하기를, "내가 서울에 도착하면 새로운 조치가 있을 것이오" 하였다. 선생은 비록 감히 내용을 묻지도 못하였지만 마음속으로 매우 의심하였다. 사헌이 서울에 도착하여 칙령을 선포하는데, 그 뜻이 매우 준엄하였다. 그 대략은 다음과 같다.
> "우리 조정이 속국을 대하는 은의는 이에 그칠 것이니, 지금부터 왕은 국도로 돌아가 나라를 다스리라. 가령 다른 변란이 발생하더라도 짐은 왕을 위하여 도모하지 않을 것이다."

명나라 사신 사헌은 선조의 책임을 물어 세자에게 양위하도록 압력을 가하는 칙서를 가지고 온 것이다. 당시 영의정이었던 서애는 선조를 위로하고 사신을 달래며 백방으로 주선하였다. 이러한 상황에 대해 연보에는 한준겸韓浚謙(1557~1627)의 다음과 같은 기록이 실려있다.

> 이보다 앞서 경략 송응창이 요동에 있으면서 보고서를 올려,

"조선의 국왕은 덕망을 잃어 국란을 평정할 수 없는 군주입니다. 속히 조치하여 세자에게 양위하도록 하십시오" 하였다. 이 때문에 행인行人 사헌司憲이 나오게 되어 일이 몹시 어렵게 되었다.

공은 피나는 정성을 다하여 화인華人을 감동시켰으며, 난리를 겪으며 혼돈에 빠진 상황을 수습하였다. 왕위도 안정되었고, 국가가 그 힘을 입어 중흥하였으니 이것이 누구의 공이겠는가! 공은 참으로 낯빛도 변치 않고 소리 하나 내지 않으면서 나라를 태산 같은 반석 위에 올려놓은 분이라 할 것이다. 일이 지나간 뒤에는 입을 닫고 그때의 일을 말하지 않았으니, 옛사람이 이른바 신묘한 공을 이루고는 거두어들여 적막하기가 일이 없는 듯하였다는 말도 이를 지나지 않을 것이다.

서애를 불러 양위하겠다고 투정을 부리는 선조를 달래고, 사신을 만나 전란 후에 임금이 애쓰고 노력한 일들을 나열하며 설득하여 겨우 일이 진정될 수 있었던 것이다. 사헌은 후일 선조를 만나 "류성룡의 굳센 충성과 독실한 인의에 대해 명나라의 문무백관들은 왕이 어진 재상을 얻었다고 기뻐하지 않는 이가 없습니다" 하였고, 귀국할 즈음에는 서애에게 글을 보내어 융숭하게 칭찬하였는데, 그 글 가운데 '재조산하再造山河'라는 말이 있었다. 이 말은 후일 서애를 평가할 때 자주 인용하는 말이 된다. 서애는 왜적의 침입을 받아 망해 가던 조국강산을 다시 만들어 세웠던 것이다. 이제 왜란의 발발로부터 서애의 행적을 따라가 보자.

1592년(선조 25) 4월 13일, 고니시 유키나가(小西行長)가 이끄는 왜군 제1대 1만 8천 7백 명이 부산 앞바다에 도착하여 다음날 부산진을 공격하였다. 부산첨사 정발鄭撥이 1천 명의 군사를 이끌고 사력을 다해 싸웠으나 중과부적으로 부산진이 함락되었다. 후속으로 도착한 군사를 합하면 왜군의 숫자는 거의 17만에 달하였다. 조정은 이일李鎰을 순변사로 삼아 급파하였고, 좌의정 서애를 병조판서에 겸직시켰다가 곧이어 도체찰사에 임명하여 군무를 총괄하게 하였다. 전시의 최고 책임자가 된 서애는 신립申砬을 삼도순변사三道巡邊使로 천거하여 내려보냈다. 먼저 내려갔던 이일은 상주에서 패하여 충주로 달아나 신립과 합류했고, 신립은 충주 탄금대에 배수진을 치고 적과 싸웠으나 대패하여 남한강에 몸을 던졌다. 4월 28일의 일이다. 조정에서 급파한 두 장수가 패전하고 나니 진관제를 반대하던 경상감사 김수는 도망갔고, 제승방략에 따라 편제되어 있던 각 고을들이 순차적으로 적의 수중에 떨어졌다. 왜군은 파죽지세로 북상하였다.

충주가 함락되었다는 소식을 접한 선조는 서울을 떠나려고 했다. 파천播遷하려 한 것이다. 대신들이 울부짖으며 만류했으나, 유독 영의정 이산해만 말없이 울고 있다가 밖으로 나와서는 옛날에도 피난한 사례가 있다고 했다. 임금의 뜻을 헤아려 파천을 지지한 것이다. 서애는 선조에게 세자를 세울 것을 건의했다. 앞서 정철이 세자 책봉을 이야기했다고 곤욕을 치른 사실이 있기에 조심스러운 일이었으나 만일의 사태에 대비하여 구심점이 있어야 했다. 국가 존망의 위기에 신민과 더불어 도성을 사수하지 않고, 일신의 안위에 급급하여 파천하려는 선조였다. 전시에 갑자기 세자를 책봉하는 일은 구심점의 이동을 의미한다. 선조는 자신의 권위가 손상될 세자 책봉이 달갑지 않았으나, 대신들의 주청이 잇따르자 하는 수 없이 광해군을 지목하고서는 전위傳位를 이야기한다. 아예 임금의 자리를 내어 주겠다는 것이다. 화가 나서 심술을 부린 것이다. 대신들은 말려야 했다. 뜻을 모아 국난을 타개해야 할 시기에 선조는 이렇게 신하들의 힘을 빼고 있었다.

    4월 30일 새벽에 임금의 행차가 대궐을 나섰다. 그날은 하루 종일 비가 내렸다. 종친과 호종하는 신하가 백 명도 되지 않았다. 벽제관에서 점심을 먹는데 세자는 반찬도 없었다. 임금이 도망간 도성에서 백성들은 궁으로 들어가 불을 질렀다. 저물어서 동파역에 이르렀다. 임금이 가슴을 치며, "나는 어디로 가야 하는가!" 하였다. 도승지 이항복이 먼저 의주로 갔다가 팔도가 다 함락되고 나면 명나라로 들어가서 호소해야 한다고 하였다. 서애가 나서서 임금이 한 발자욱이라도 이 땅을 벗어나면 조선은 우리 땅이 아니라고 하였다. 이항복이 동의하지 않자 서애가 격렬한 음성으로 말하였다. "지금 동북지방의 모든 도는 예전과 같고

호남에서는 충의의 지사들이 날을 다투어 벌떼처럼 일어나는데 어찌 이런 중대사를 갑자기 결정지을 수 있겠습니까." 하루 종일 오던 비가 밤에도 죽죽 내리는데 사람들이 모두 굶고 잤다. 후일 서애가 이 일을 두고, "명나라로 간다는 말이 한번 알려지는 날엔 인심이 와해될 것이니 누가 수습하겠는가" 하였다. 어가가 영변에 이르렀을 때 임금이 나라를 버리고 명나라로 들어가려 한다는 소문이 퍼져 민심을 수습할 수 없을 지경이 되자, 이항복은 서애의 선견지명에 감탄하고 찾아와 사과하였다. 『백사집白沙集』에 「서애유사西厓遺事」라는 제목으로 기록해 둔 이항복 본인의 기록이다.

　5월 1일에 어가가 개성에 도착하였다. 신하들이 국사를 그르친 책임을 물어 영의정 이산해의 관직삭탈을 청하였다. 선조는 이산해를 파직시키고 서애를 영의정으로 승진시켰다. 그러나 피난길에 지친 신하들은 이산해의 파직만으로는 만족할 수 없었다. 파천을 주장한 책임을 물어 먼 곳으로 귀양 보낼 것을 청하였다. 파천은 원래 선조 자신의 의견이었다. 이산해를 죄줄 수는 없었다. 선조는 파천을 말리지 못한 죄는 류성룡도 마찬가지라는 엉뚱한 소리를 하며, 오히려 서애를 하루 만에 풍원부원군 영의정에서 파직하였다. 벼슬이 떨어진 서애였으나 계속 어가를 수행하였다. 벼슬이 있는 자들도 도망가는 판국에 벼슬이 떨어진 서애의 충성은 변함이 없었다.

6월에 임금은 평양에서 서애에게 풍원부원군의 군호만 회복시켜 명나라 장수 임세록을 접대하게 하였다. 왜군이 부산에 상륙한 지 20일 만인 5월 2일에 서울이 함락된 것을 도저히 믿을 수 없었던 명나라가 조선의 내통을 의심하여 보낸 것이다. 연광정에 올라 적의 척후병을 본 임세록은 사태의 급박함을 알고 명나라로 돌아가 상황을 보고하였다. 대동강까지 올라온 왜군은 더 이상 진격을 못하고 있었다. 이순신의 수군이 바다를 장악하여 보급로를 차단한 까닭이었다. 그러나 임금은 서애의 만류에도 불구하고 평양을 떠났다. 영변을 거쳐 의주에 도착했다. 여차하면 국경을 넘어 요동으로 들어갈 심산이었다. 서애는 정주에 남아 무너진 민심을 수습하라는 명을 받았다. 선조는 도망가려는 자신을 붙잡는 서애를 떼어 놓으려 했다. 6월 14일에 평양이 함락되었다. 전쟁 발발 꼭 한 달 만의 일이다.

　드디어 명군이 압록강을 건너 넘어오기 시작했다. 의주의 행재소에 와 있던 서애는 7월 7일에 군량을 모으기 위해 남하했다. 7월 19일에 명의 총병 조승훈이 평양을 치다가 적의 유인계에 빠져 패했다. 서애는 안주와 정주 등지를 오가며 군량의 확보에 힘을 쏟았다. 12월에 안주에 있던 서애는 평안도도체찰사가 되었다. 지휘권이 생긴 것이다. 사방에 공문을 보내 군대를 소집하였다. 연보에는, "공문이 이른 곳마다 감격하여 눈물을 흘리지 않는 사람이 없었다. 너도나도 다투어 일어나 달려왔으며 승도

들도 다 뭉쳐 적을 토벌하였다"라고 하였다. 전란기에 서애는 민심을 얻고 있었다.

4만의 군대를 이끌고 압록강을 건너온 이여송李如松이 조선군과 합세하여 이듬해 1월 9일에 평양을 수복했다. 평안도도체찰사였던 서애가 공이 없을 리 없었다. 임금은 서애를 호서·호남·영남의 삼도도체찰사로 임명했다. 평양을 수복하고 지쳐 내려가던 이여송의 군대는 임진강에 이르렀다. 그해 겨울은 날씨가 따뜻해서 강이 제대로 얼지 않았다. 대군이 강을 건널 수 없자 서애는 부교를 놓았다. 칡을 꼬아 큰 밧줄을 만들게 하고, 강의 남북 언덕에 기둥 2개씩을 마주 세우도록 하였다. 그 두 기둥 사이에 통나무를 눕혀 끼우게 하고는 큰 밧줄을 끌어다가 강을 지나 양쪽 기둥 사이에 끼인 통나무에 매게 하고, 천여 명의 사람들이 각각 짧은 통나무를 가지고 밧줄 꼰 틈에 끼워 몇 바퀴 돌려서 다른 밧줄에 끼워 넣게 하여 서로 버티게 하였다. 그 위에 갈대와 실버들을 깔고 흙으로 덮었다. 거북선과 함께 또 다른 발명이 서애의 지혜로 이루어지게 된 것이다. 군사들은 다리 위를 말을 타고 건넜고, 화포와 병기가 모두 이 다리를 이용하여 운반되었다.

임진강을 무사히 건넌 조·명연합군은 서울 수복을 눈앞에 두고 벽제관 여석령에서 왜군과 전투를 벌였다. 참패였다. 전의를 상실한 이여송은 군대를 개성으로 물렸다. 사기가 살아난 왜군은 3만의 군사로 전라도순찰사 권율이 1만의 군사로 지키고 있던 행주산성을 공격했다. 화살이 떨어져 돌을 던져가며 싸운 조선군은 끝내 승리했다. 행주대첩이다. 이 공으로 권율은 도원수가 되었다. 권율은 서애가 발탁한 장수였다.

전의를 상실한 왜군은 명군에게 강화를 요청했다. 이여송은 들어주려 했다. 어차피 왜군이 명나라로 넘어오는 것을 막기만 하면 될 터였다. 목숨을 걸고 싸우고 싶지 않았던 것이다. 서애는 명나라의 장수들을 만나며 강화의 부당함을 역설했다. 명군만 움직이면 서울을 수복할 수 있었지만 명군은 싸우려 하지 않았던 것이다. 이런 시기에 선조는 도체찰사를 바꾸려고 하였다.

> 류성룡의 사람됨은 내가 자세히 아는데 적을 헤아려 승리로 이끌어 가는 것은 그의 장기가 아니다. 처음에 군량을 담당하는 대신으로서 곤외閫外의 직임을 전보받았는데, 요사이 하는 것을 보니 자신이 한 나라의 곤수閫帥가 되어 강화한다는 말을 듣고 한 번도 적을 치고 원수를 갚자는 데 언급하거나 명장 앞에서 머리를 부수며 쟁변하는 일은 전혀 없고 강화의 말을 당연하게 여기는 것 같았으며, 임무를 받은 뒤로 한 번도 기이한 계책을 세워 적을 격파한 적이 없으니 아마도 끝내는 일을 실패시킬 듯하다. 나의 생각에는 권율·고언백·조호익 등 몇몇 사람에게 위임하여야 족할 듯하다.
>
> 『선조실록』 26년 3월 27일

선조는 참으로 용렬한 군주였다. 명나라 장수들을 만나 강화의 부당함을 역설하고 다닌 서애를 두고 "강화의 말을 당연하게 여기는 것 같았다"고 하였다. 비변사가 나섰다. 비변사는 유사시에 군무를 주관하는 기관이었으나 16세기 중반부터는 상설 기구가 되어 대체로 정승이 도제조를 겸하였다. 특히 임진왜란 당시에는 권한이 확대되어, 군무를 포함하여 국사를 총괄하고 있었다. 비변사는 서애의 체직을 반대하였다.

> 체찰사 류성룡은 대신으로서 막중한 임무를 받아 비록 특별한 공을 세운 것은 없지만 큰 실책도 없었습니다. 그가 강화의 의논에 쟁변하지 않은 것은 반드시 창졸간에 일어난 것이어서 그랬을 것이니 어찌 다른 뜻이 있겠습니까. 이 일로 대신의 병권을 가벼이 체직하는 것은 미안할 듯합니다. 더구나 서울과 경기의 백성들은 날마다 관군이 구제해 주기를 바라고 있는데, 이제 불의에 체직한다면 불안과 실망이 전날보다 더 심할 것입니다. 신들의 어리석은 생각에는 다만 글을 내려서 성룡을 크게 책망하여 스스로 제 잘못을 알게 하는 것이 괜찮겠습니다.

4월 20일에 서울이 수복되었다. 무력으로 왜군을 진압한 것이 아니라 명군과의 협상으로 퇴로를 보장 받은 왜군이 철수한 것이다. 서울이 수복되고 나서도 전황을 지켜보며 미적거리던 선조가 10월 1일에야 서울로 돌아와 정릉동의 행궁으로 들어갔다. 지금의 덕수궁이다. 서애는 훈련도감의 설치를 건의하였다. 중국에서 들여온 곡식 1만 석을 방출하여 지원자를 모집하였다. 날마다 백미 2되를 급료로 주니 응모자가 구름같이 모였다. 이들에게 조총과 창검의 기술을 가르쳐 순번을 정하여 숙직하게 하고 임금의 행차를 호위하게 하니, 인심이 안정되어 갔다. 훈련도감은 점차 제도가 정비되면서 임란 이후 가장 중요한 군사기관이 되어 고종 때까지 존속한다.

10월 27일에 선조는 서애를 영의정으로 다시 임명하였다. 전선은 소강으로 접어들었으나 언제 다시 시끄러워질지 알 수 없는 일이었다. 허무하게 무너졌던 전날을 거울삼아 군비를 강화하고 민생을 다독여야 했다. 이듬해 3월에 서애는 다시 진관법의 시행을 청하였다. 제승방략으로 실패를 본 선조는 "지당한 말이니 시행함이 마땅하다"라고 하였다. 4월에는 쌀로써 공물貢物을 대신하여 군용 물자를 보충하기를 청하였다.

공물은 중앙정부와 궁중의 수요를 위해 지방에 부과하던 현물세이다. 조선 초에는 토지 면적에 따라 부과하던 것이 점차 고을의 특산품 중심으로 바뀌면서 고을의 규모나 백성의 빈부를 따지지 않고 징수하였으며, 더욱이 서리들이 농간을 부려 백성들의 고통이 심하였다. 서애는 이를 각 도 단위로 공물과 전결의 수를 총계하여 농지의 면적에 준하여 일괄 쌀이나 콩으로 징수하고, 조정에서는 이 곡물로 필요한 물품을 사서 쓰자고 한 것이다. 당시 나라의 창고가 비어 군수 물자와 국가의 비용을 조달하기 어려웠기 때문에 새로운 재원이 필요했다. 서애의 건의에 따라 1결에 공미貢米 2말을 거두었다. 그해 7만여 석을 얻을 수 있었고 민력도 소생할 수 있었으니, 안팎이 모두 편리하다고 하였다. 이른바 작미법作米法이니, 17세기에 시행된 대동법大同法의 모태이다. 그러나 이 일은 곧 중지되었다. 징수 과정에서 이익을 보던 무리들의 극심한 반대가 있었기 때문이다.

1595년 10월에 서애는 영의정으로서 경기·황해·평안·함경도 4도의 도체찰사를 겸하였다. 명과 일본은 강화회담을 계속하고 있었다. 이 기간 동안 서애는 무너진 성곽을 수축하고 화기를 제작하고 군대를 조련하며 후일을 대비하고 있었다. 1596년 9월, 5년간 계속되던 강화회담은 오사카성 회담에서 결렬되었다.

12월에 고니시 군의 부산 상륙과 이듬해 1597년 1월 가토 군의 다대포 상륙을 시작으로 왜군은 14만 1500명의 병력을 이끌고 재침하였다. 정유재란의 발발이었다. 그러나 조선은 예전의 조선이 아니었다. 국정을 책임진 서애는 이런 일을 대비하고 있었고, 명은 양호楊鎬를 경리로 마귀麻貴를 제독으로 임명하여 원군 5만 5000명을 즉시 파견하였다. 왜군은 임진년 당시와는 달리 경상·충청·전라도를 완전히 점령한 후 북진할 계획을 세웠으나, 고령과 직산에서 패하여 더 이상 북진하지 못하였다. 삼도수군통제사 이순신이 왜군의 본거지를 공격하지 않고 소극적이라는 죄명으로 하옥되자 참패를 거듭하던 수군도 이순신의 복직 이후 울돌목에서 12척의 전선으로 적함 133척을 격파하여 제해권을 회복하였다.

1598년 9월 도요토미 히데요시(豊臣秀吉)가 죽자 울산과 순천에서

영의정 서애 류성룡(출처: 하회마을 관리사무소)

오도 가도 못하고 있던 왜군은 총퇴각하였고, 이순신은 11월 9일에 도망가는 왜선 200척을 노량에서 격파하고 장렬하게 전사하였다. 7년 전쟁의 종점이었다. 그러나 전쟁의 종점은, 서애에게는 새로운 시련의 기점이었다.

7. 실각, 그리고 귀향

　　충무공 이순신이 전사하던 바로 그날에 서애는 5년 동안 맡고 있던 영의정에서 파직되었다. 그사이 수도 없이 올린 사직의 청을 들어주지 않던 선조가 왜란이 종결되는 시점에서 57세의 서애를 파직한 것이다. 충무공은 영웅이 되어 있었고, 서애에게는 산하재조山河再造라는 말이 따라다니고 있었다. 전란을 수행하는 과정에서는 이순신과 류성룡이 필요하였지만 전쟁이 끝난 마당에는 임금의 권위를 누를 그들의 공이 싫었다. 한 사람은 죽음으로써, 한 사람은 파직시킴으로써 선조의 우려를 덜었다. 1598년 11월 19일에 일어난 일이다.

　　서애의 파직 이유는 참으로 맹랑한 것이었다. 이에 앞서 2월에 명나라의 주사主事 정응태丁應泰가 조선에 사신으로 나왔다가 5월에 돌아가서는, 경리 양호가 울산에서 패하고도 사실대로 보고하지 않은 것과 기타 조정을 속이고 일을 그르친 20여 가지의 죄목으로 그를 탄핵하였다. 명나라 조정은 6월에 양호를 파직하였다. 선조 31년 5월 12일의 실록에는 그에 대한 사관의 인물평이 실려 있는데, "양 경리는 활달하고 지략이 있는 사람이었다. 국가를 위해 충성을 다하고 호령이 엄한 것은 이번 동정東征한 제장諸將 가운데 제일이라고 할 만하다" 하였다. 조선 조정은 7월 1일에 최천건崔天健을 보내어 양호를 위해 변론하도록 하고, 뒤이어 좌의정 이원익을 다시 보내 양호의 파직을 철회하기를 청하기로 했다. 정응태가 9월에 다시 나왔다가 이원익을 이미 명나라로 보낸 소식을 들었다. 크게 노한 정응태는 조선이 양호와 합작하여 속이고 은폐하였으며 왜인들과 통모通謀했다고 본국에 보고하였다.

양호에 대한 무고가 조선에 대한 무고로 이어지자 조선 조정은 분개하였다. 화가 난 선조는 정사를 세자에게 맡기고 일체의 정무를 보려 하지 않았다. 서애는 백관을 인솔하고 사신을 명나라로 다시 보내 정응태의 무고에 대해 해명할 것을 청하였으나 선조는 끝내 대답이 없었다. 9월 24일, 이날도 서애는 대궐 뜰에 꿇어앉아 정사 보기를 청하고 있는데 이조판서 홍진洪進이 관안官案을 가지고 와서 차출하여 보낼 만한 사람을 물었다. 서애는 급히 김신국金藎國·황정철黃廷喆·윤홍尹宖·이이첨李爾瞻 등 네 사람을 낙점하고 서류를 갖추어 아뢰었다.

　북인인 이이첨은 서애를 싫어했다. 마침내 기회가 왔다고 생각하고 서애가 자청하여 가지 않은 것을 탄핵했다. 이이첨의 상소를 시작으로 북인들의 상소가 빗발쳤다. 정승이 나라를 비우고 사신으로 가기를 자청하지 않은 것도 죄가 되었다. 그들은 강화를 주장해 전쟁을 지연시켰다는 없는 죄목을 덧붙여 삭탈관작을 청했다. 삭탈관작은 벼슬을 빼앗고 관리의 명부에서 이름을 지우는 엄중한 문책이다. 임금이 사심이 없었다면 저들의 무고를 짐작하고도 남을 일이었으나 선조는 서애를 보호하고 싶은 마음이 없었다.

　드디어 10월 7일에 서애를 영의정에서 면직시켰다. 영의정의 직무만 보지 못하게 하고 다른 직책은 그대로 두는 가벼운 문책이다. 임금도 저들의 구실이 부당함을 알고 있기에 곧장 파직하기에는 미안하였을 것이다. 어차피 면직으로 잠잠해질 저들이 아님을 선조는 잘 알고 있었다. 역시 상소는 그치지 않았다. 세상인심은 고약한 것이다. 사태가 급박해지자 북인이 아닌 사대부들도 서애를 만나는 것을 꺼렸다. 유독 이항복이 비변사에서 이졸을 불러 말하기를, "빨리 수레를 준비해 오라. 내가 곧 풍원상공豊原相公을 뵈러 갈 것이다" 하였다. 그 말을 들은 사람들이 의롭게 여겼다. 통제사 이순신은 고금도에서 서애가 탄핵을 받았다는 말을 듣고 실성해서 크게 탄식하며 말하기를, "오늘날의 나랏일이 한결같이 이 지경에까지 이르게 되었구나!" 하고는, 이로부터 매양 배 안에서 물을 떠 놓고 하늘에게 자기를 죽게 해 달라고 빌었다. 빗발치는 상소를 방관하던 선조는 11월 19일에 이르러서야 서애를 제대로 파직시켰다. 백성들의 눈치를 많이 보았다.

　서애는 홀가분하였다. 파직 이튿날 미련 없이 서울을 떠났다. 용진 나루를 건너 도미천에 이르러 시를 한 수 지었다.

고향으로 가는 길 삼천 리인데,	田園歸路三千里
유악의 깊은 은혜 사십 년일세.	帷幄深恩四十年
도미천에 말 멈추고 뒤돌아보니,	효馬渡迷回首望
종남산 고운 빛은 예와 같구나.	終南山色故依然

　서울에서 안동이 어찌 삼천 리 길이랴마는, 산천은 의구한데 인걸은 삼천 리 머나먼 땅으로 쫓겨 가는 심사일 터이다. 5년을 영의정으로 있었던 서애였지만 노자가 없었다. 고향에 기별하여 쌀을 가져오게 하였다. 서애가 고향으로 가고 있을 때 조정에서는 서애의 삭탈관작을 논하고 있었다. 파직으로도 만족하지 못하는 저들이었다. 벼슬을 빼앗고 관리의 명부에서 이름을 지우고자 하였다. 이이첨이 수찬으로 있던 홍문관에서 차자箚子를 올렸다.

전 풍원부원군 류성룡은 성품이 강퍅하고 행실이 사악할 뿐더러 권병을 잡았을 때에는 그의 세력이 불길처럼 치솟아 두렵기만 하였습니다. 제일 먼저 화의를 주창하여 호택胡澤·심유경沈惟敬의 말에 부회하면서 감히 최황崔滉의 정직한 변론을 꺾어 입을 열지 못하게 하였으니, 송나라 때 진회秦檜가 증개曾開를 매섭게 꾸짖은 일과 같습니다. 그러나 진회는 천하의 사람들이 자기를 논의할까 두려워하여 대간으로 하여금 가부를 의논하게 하였는데, 성룡은 시신과 선물을 몰래 보내어 사람들로 하여금 알지 못하게 하였으니, 그는 또한 진회의 죄인입니다. 옛날 호전胡銓이 글을 올려 진회를 참수할 것을 청하자, 오랑캐들도 듣고 군신이 놀라면서 송나라에도 사람이 있다고 감탄하였습니다. 지금 양사의 논의가 실제로 간사한 무리를 제거하고 화의를 주창한 자를 죄주자는 데에서 나온 것이라면, 도요토미 히데요시(豊臣秀吉)의 군신들도 그 말을 듣고 놀랄지 어찌 알겠습니까. 삼가 바라건대, 속히 양사의 주청에 따르시어 신명과 사람의 분한 마음을 조금이나마 풀어 주소서.

글이 악랄하다. 서애를 송나라의 진회보다 못한 사람이라고 하였다. 오늘날에는 진회에 대한 다른 평가도 있지만, 주자의 가르침을 따르는 조선에서 진회는 만고의 역적이었다. 여진족의 금나라와 국토를 나누고, 송나라로 하여금 신하의 예로서 금나라

를 섬기게 한 장본인이다. 선조도 미안했던 모양이다. 이렇게 대답했다.

차자를 보니 너무도 말이 많다. 이미 파직시켰으면 그만인데 어찌 삭탈까지 하겠는가. 그리고 매번 화의를 했다는 일로 풍원을 성토하여 죄주자는 자료를 삼는데, 그에 대하여 트집을 잡을 수 있는 계책이야 되겠지만, 아마도 그의 실정이 아닐 것이다. 사람을 논핵하는 데는 그 실정을 알아야 한다. 풍원이 이유 없이 그런 짓을 한 것이 아니니, 이는 대체로 중국 장수의 협박을 받았던 때문일 것이다. 도요토미 히데요시에게 좋게 보인들 그 자신에게 무슨 이익이 있겠는가. 그러나 이에 대한 처사는 잘못이 없지 않은 것이다. 애초에 심유경이 화의를 논하자 온 조정의 신하들이 그의 말을 좋게 여겨 모두가 그의 주장에 호응하였다. 나는 그러한 양상을 눈여겨보아 왔는데 어찌 유독 풍원만을 논할 수 있겠는가. 그리고 자신들의 논의를 호전胡銓에 비유하여 스스로 고상한 체하는데 송나라의 호전은 진회가 정승의 지위에 있으면서 화친을 건의하던 초기에 논죄했던 것이다. 그런데 지금 대간들은 풍원이 정승 자리에서 물러난 뒤에 공격하여 제거하려고 하니, 송나라 때 호전도 역시 그랬는지 모르겠다. 풍원의 관작을 삭탈한다 해도 나에게 무슨 관계가 있을까마는 국가의 체모만을 손상시켜 해되는 것이 적지 않을 듯싶다.

이렇게 비답을 내려 홍문관을 꾸짖는 듯하더니, 뒤이어 정인홍鄭仁弘의 제자 문홍도文弘道 등이 와서 또 삭탈관작을 청하자 허락하였다. 12월 6일의 일이다.

이듬해 6월에 직첩職牒을 돌려주었다. 관작을 삭탈할 때 회수하였던 직첩이다. 삼사가 벌떼처럼 일어났다. 홍문관에서 또 올린 차자에 대해 선조는 다음과 같이 비답하였다.

논핵한 일이 실정에 너무 지나치니, 그 사람이 복종하지 않을 뿐만 아니라 곁에서 보는 사람도 역시 복종하지 않는다. '주화主和' 두 글자로써 탈을 잡아 심지어 진회秦檜에게 비교하였는데, 진회는 오랑캐의 뜻을 받들고 처자를 보전하였으며 송나라에 잠입하여 금인金人을 위해 꾀를 부려 힘써 화의를 주장하여 악비岳飛 등을 죽인 인물이다. 지금 류성룡도 왜적의 뜻을 받들어 남몰래 음모를 통해 그의 처자들을 보전하고 화의를 주장했다는 것인가. 이런 말로써 인심을 승복시키고 국시國是를 정할 수 있단 말인가.

제법 서애를 이해하는 듯하였지만 결국 직첩을 다시 회수하였다. 이렇게 회수된 직첩은 그 이듬해 1600년 11월에야 돌려받는다. 1602년 4월에는 청백리로 뽑혀 『염근록廉謹錄』에 이름이 올랐다. 이 일을 영의정 이항복이 주관하였는데, 서애를 으뜸으로 추천하면서 "이분의 훌륭한 덕은 한 가지로 제한하여 말할 수 없다. 다만 이번에 선발하여 기록하는 것은 벼슬로써 재물을 모았다는 무고를 씻으려 함이다" 하였다. 굳이 이항복이 그를 청백리로 추천하지 않더라도 세상이 모두 아는 청빈이었다. 후일 서애가 작고하고 10여 년이 지난 뒤, 우복愚伏 정경세鄭經世가 상주로 막 이사 온 서애의 아들 류진에게 이런 시를 보냈다.

하회에 전한 것은 책뿐인 집안,	河上傳家只墨莊
아이들 보리밥도 배불리 먹지 못해.	兒孫疏糲不充腸
장수로 재상으로 십 년을 지냈는데,	如何將相三千日
팔백 그루 뽕나무 어찌 장만 못하셨나.	倂欠成都八百桑

'팔백 그루 뽕나무'는 촉나라의 제갈량諸葛亮이 죽을 때 후주後主에게 성도에 뽕나무 800그루가 있어 자손들이 그럭저럭 먹고 살 수 있을 것이라고 했던 고사를 빌려 온 것이다. 10년을 우의정 · 좌의정 · 영의정 · 도체찰사로 있었는데, 자손들은 보리밥도 배불리 먹을 수 없었던 청빈이었다. 그런 그를 두고 벼슬로 재물을 모았다는 말을 만드는 자들이 있었던 것이다.

서애가 63세 되던 1604년 3월에 관직이 복구되었고, 다시 부원군에 제수되었다. 7월에는 호성공신扈聖功臣 2등에 책록되었다. 전쟁 중에 임금을 수행하며 국사를 보살핀 공로를 기린 것이다. 1등공신은 이항복과 정곤수였다. 이항복의 충성은 알려진 바이고 정곤수는 명나라에 들어가 이여송을 출병하게 한 인물이니 당연한 일일 수 있지만, 서애가 2등공신이 된 것이 바른 평가인지 모르겠다. 9월에 공신을 담당하는 기관인 충훈부忠勳府에서 화공을 보내 영정을 그리려 하였으나 나라에 공이 없다고 하여 돌려보냈다. 그래서 서애는 영정이 없다. 이항복을 비롯한 공신들은 이때 영정을 그려 지금까지 남아 있는 사람이 많다.

이듬해 64세 여름에 하회에 홍수가 들어 살기가 마땅치 않았다. 9월에 풍산읍의 서미동西美洞으로 이사했다. 연보에는 서미동이 깊은 산중에 있어 손님들을 응접할 번거로움도 없기 때문에 옮겼다고 하였다. 세상이 싫었던 것이다. 이듬해 3월에는 여기에 3칸의 초당을 지어 농환재弄丸齋라고 이름 하였다. 송나라의 역학자易學者 강절康節 소옹邵雍의 "구슬을 가지고 노는 여가에, 한가로이 왔다 갔다 한다"(弄丸餘暇 閑往閑來)는 말에서 따온 것이다. 소강절은 이 글에 스스로 주를 달기를, "환丸은 태극이다" 하였다. 한가롭게 거닐며 태극의 이치, 즉 우주의 이치를 탐구한다는 말이다. 만년의 서애에게 이보다 적절한 이름은 없을 듯하다.

1607년 5월 6일, 서애는 이곳 농환재에서 66세를 일기로 삶을 마쳤다. 작고하기 전날 밤까지 평상시와 같이 일어나 앉아서

「홍범洪範」을 외었다. 임금이 의사를 보내 병을 보살피도록 하니 조복을 입고 맞이하여 말하기를, "멀리서 오느라고 수고하였는데 임금의 은혜를 갚을 길이 없습니다" 하였다. 이어 문병 오는 손님들을 사절하게 하고, "편안하고 고요하게 조화造化로 돌아가고자 한다" 하였다. 모시는 사람에게 명하여 방 가운데에 자리를 깔게 하고 북쪽을 향해 반듯하게 앉아 그가 원하던 대로 조화로 돌아갔다. 임금에게는 군도팔사君道八事의 유소遺疏를 남겼고, 자손들에게는 장례를 간소하게 치르라고 훈계하였다.

12일에 부음이 조정에 전해지자 임금은 승정원에 전교하기를, "대신이 죽으니 내가 매우 슬프다" 하였다. 곧 승지를 보내 조문하게 하고, 다시 또 예관을 보내어 치제致祭했다. 세자도 관리를 보내 조문하고 치제했다. 조정은 공식적으로 3일간 조회를 열지 않고, 도성의 시장이 문을 닫도록 했다. 그러나 상인들은 자진해서 하루를 연장해 4일 동안 철시했다. 13일의 『선조실록』에는 서울의 추모 풍경을 사관이 다음과 같이 적어 두었다.

> 3일 동안 조회를 멈추고 시장이 문을 닫도록 하였다.
> 사신은 논한다. 도성 각 점포의 백성들이 빠짐없이 묵사동墨寺洞에 모여 조곡하였는데 그 숫자가 1천여 명에 이르렀다. 묵사동에는 류성룡의 옛 집터가 남아 있었다. 각 관청의 늙은 아전 30여 명도 와서 곡하였다. 저자의 백성들과 서리 등이 류성룡

의 본가가 청빈하여 치상을 하지 못할 것이라 하여 베를 모아 부의하였다. 성안 백성들이 곡한 일은 오직 이이李珥와 류몽학柳夢鶴이 죽었을 때에만 있었는데, 이이의 상은 서울에서 있었고, 류몽학은 장령으로 있었을 때 시장의 묵은 폐단을 개혁하기를 아뢰어 백성들에게 은혜가 있었기 때문이었다. 그러나 이번에는 그 사람이 조정에서 발자취가 끊어졌고 상사가 천리 밖에서 있었는데도 온 성안 사람들이 빈집에 모여 곡하였으니, 어찌 시사가 날로 잘못되어 가고 민생이 날로 피폐해지는데도 이어 수상首相이 된 자들이 모두 전 사람만 못하기 때문에 이렇게 추감追感하기에 이른 것이 아니겠는가. 지금의 백성들 역시 불쌍하다.

사관의 심사도 비감하다. 도성의 사대부들도 서애가 머무르던 옛집에 모여들어 신위를 만들어 곡하였고, 연릉부원군延陵府院君 이호민李好閔(1553~1634)은 본가의 형편을 걱정하여 사대부들에게 회문을 돌려 부의를 거두어 보냈다. 그『부의기賻儀記』가 지금도 남아 있어 다른 유물들과 함께 일괄 보물 제460호로 지정되었다. 백성들은 "우리들이 이 어진 정승을 잃은 것이 어린아이가 어미를 잃은 것과 같다. 공이 아니면 우리들의 씨가 없어졌을 것이다" 하며 울부짖었고, 졸곡卒哭이 지나도록 술과 고기를 먹지 않은 자도 있었다. 후에 '문충文忠'의 시호가 내려왔는데, "도덕이 널리 드러난 것을 문이라 하고, 몸을 바쳐 임금을 섬긴 것을 충이라 한다"(道德博聞曰文 危身奉上曰忠) 하였다.

懲毖錄

제4장 **불후의 입언**

1. 『징비록』

삼불후三不朽라는 말이 있다. 사람이 죽어서도 영원히 썩지 않는 세 가지 일을 말한다. 첫째는 입덕立德이니 덕행을 실천하여 사람들이 그 아름다움을 길이 잊지 못하는 것이요, 둘째는 입공立功이니 국가에 공을 세워 백성들이 그 은혜를 잊지 못하는 것이요, 셋째는 입언立言이니 훌륭한 말을 남겨 후세 사람들이 그 가르침을 잊지 못하는 것이다.

조선의 인물 가운데 삼불후를 모두 갖춘 인물을 들자면 서애 같은 인물도 드물다. 그는 기본적으로 퇴계에게 배운 성리학자다. 조선은 성리학을 통치이념으로 채택하였으나 퇴계 이전에 퇴계만큼 성리학을 이해하고 실천한 학자는 없었다. 서애는 그런 퇴계의 으뜸가는 제자들 가운데 한 사람이다. 성리학은 수양론을 기본으로 한다. 남에게 보이기 위해서 나를 가꾸는 것이 아니라 나의 사람됨을 위해서 나를 가꾸는 것이기 때문에, 위인지학爲人之學이 아니라 위기지학爲己之學이다. 위기爲己의 결과로서 내가 얻는 것은 덕德이고, 이 덕이 밖으로 발휘되면 공功이 된다. 서애는 미증유의 국난을 겪으면서 국정을 맡아 국가를 위기에서 건졌다. 나의 덕으로써 백성과 국가를 위해 공을 세운 것이다. 그 덕과 공을 잊지 못해 그가 죽고 난 뒤 백성들은 울부짖었다. 그는 국난의 시기에 자신이 겪었던 일들을 기록으로 남겼다. 자신의 공을 자랑하고자 함이 아니다. 지난날의 과오를 반성하여 미래를 경계하고자 함이었다. 이 기록은 나라의 보배가 되어 영원히 썩지 않는 말이 되었다. 국보 제132호 『징비록懲毖錄』이다.

『징비록』은 1592년부터 1598년까지 임진왜란과 정유재란의 7년 동안 서애가 보고 들은 일들의 기록이다. 여기에는 임란 직전의 일본의 정세부터 당시의 인물 군상群像, 국가의 위기 대응 상황, 명군과 조선군 및 의병들의 전황 등 다양한 내용들이 실려 있다. 임진왜란이라는 초유의 사태를 겪은 조선은 이에 대한 많은 기록을 남겼다. 국가의 공식 기록부터 개인의 사적 기록들까지 다양한 자료들이 남아 있지만, 『징비록』은 몇 가지 측면에서 특별하다.

첫째, 이 책의 필자는 이 시기의 국정책임자였다. 서애는 영

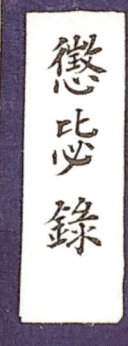

서애의 대표적 저서
『징비록』 표지(출처: 문화재청)

서애의 대표적 저서 『징비록』 본문(출처: 문화재청)

의정 겸 도체찰사로서 정권과 군권을 장악하고 있었기 때문에 모든 정보를 접할 수 있었다. 국보 제76호인 충무공의 『난중일기』를 비롯한 다른 개인 저술들은 개인이 겪은 편면적 기록이라는 한계가 있지만, 서애는 그가 접한 정보를 종합하여 전면적인 기술을 할 수 있었다. 그러므로 임진왜란 연구의 기본 사료라는 막중한 무게를 지니게 되었다.

둘째, 이 책은 집필 동기가 특별하다. 서애 스스로 말한 바처럼 '징비懲毖'라는 말은 『시경』「소비小毖」편의 "내가 지난날의 잘못을 징계하여 다가올 걱정을 경계한다"(予其懲而毖後患)라는 구절에서 빌려 온 것이다. 국정책임자가 과거를 반성하여 과오를 되풀이하지 않겠다는 뜻으로 집필하였다는 말이다. 그러므로 기록이 반성적이며 교훈적이다. 다음의 글을 보자.

> 뒤에 들으니 적들이 상주에 들어와 험준한 곳을 지나가기를 꺼렸다고 한다. 문경현 남쪽 십여 리에 고모성이라는 고성古城이 있는데, 좌우의 길이 모이는 곳으로 골짜기 양쪽이 묶은 듯이 좁고 가운데에 큰 내가 자리 잡고 있으며 그 아래로 길이 나 있었다. 적들이 지키는 병사가 있을 것을 예상하고 사람을 시켜 거듭 정탐하고 난 뒤에 군사가 없음을 알고 노래 부르고 춤추며 지나갔다고 한다. 그 뒤 명나라 장수 제독 이여송이 적을 추격하며 조령을 지나다가 탄식하여 말하기를, "이처럼 험준

한 곳을 지킬 줄 몰랐으니 신申 총병總兵은 계책이 없는 사람이로다" 하였다. 신립申砬이 비록 날쌔어서 당시에 이름을 얻었으나 전술은 그의 장점이 아니었다. 옛사람이 이르기를 "장수가 병법을 모르면 나라를 적에게 내어 주게 된다" 하였으니 지금 후회해도 소용없는 일이지만 오히려 후일의 경계가 될 수 있기에 적어 둔다.

도순변사 신립의 패전 요인을 다룬 부분이다. 천험의 요새인 조령을 버리고 탄금대에서 배수진을 치고 싸워 패함으로써 결국 적을 초기에 제압하는 데 실패했다. 신립은 이일과 함께 당시 최고의 명성을 누리던 장수였지만 왜군의 기대에 부응하고 이여송의 조롱감이 되었다. 치욕스런 사실이기에 패전의 결과만 기록하고 넘어갈 수도 있었으나 후인을 경계하기 위해 왜군과 이여송의 반응을 적어 둔 것이다.

이런 기록도 있다. 왜란이 발발하기 전에 조정에서는 전국에 걸쳐 성곽을 수축하도록 하였다. 서애에게 사적으로 글을 보내 반대 의견을 표명하는 사람이 있었던 것을 보면 아마 서애가 이 일을 주도했을 것이다. 그러나 노역을 꺼리는 백성들의 불만이 많았고 홍문관에서도 글을 올려 논박했다. 이러한 상황에서도 경상도를 비롯하여 여러 곳에 성곽을 수축하였으나, 정작 전쟁이 일어났을 때는 제구실을 하지 못했다. 이에 대해 서애는 이렇게 말하고 있다.

> 이때는 태평을 누린 지가 오래되어 도성과 지방이 모두 안일에 젖어 있었다. 백성들이 노역을 꺼려 원망하는 소리가 길거리에 넘쳐났다.…… 그러나 전라도와 경상도에 쌓은 성들은 모두 지형과 조화를 이루지 못하였고, 또 넓게 지어 대중을 수용하는 일에만 힘을 쏟았다. 진주성은 본래 험준한 지세를 이용하여 쌓아 지킬 만하였으나 이때에 이르러 좁다고 하여 동쪽으로 평지에 옮겨 쌓았다. 그 뒤에 적이 이 평지를 통해 성으로 들어와 결국 성을 지킬 수가 없었다. 대체로 성은 견고하고 작은 것을 귀하게 여기는데 오히려 넓지 않음을 걱정하였으니 당시의 의론이 그러하였다. 군정의 근본이나 장수를 뽑는 요령, 군사를 조련하는 방법 같은 것이 백 가지 가운데 한 가지도 갖추어지지 않아 패하게 된 것이다.

임란 직전의 무사안일한 풍조와 성곽 수축의 무계획성을 매섭게 비판하고 있다. 전국적으로 만연해 있던 나태와 근시안적 대처를 서애 한 사람의 힘으로는 만회할 수 없었다. 그러므로 동일한 과오가 되풀이되지 않기를 바라는 마음으로 이런 기록을 남겼을 것이다.

셋째, 기록의 공정성도 주목할 부분이다. 다음의 기록을 보자.

용궁현감 우복룡이 고을의 군사를 거느리고 병영으로 가면서 영천의 길가에서 밥을 먹고 있었다. 방어사의 지휘를 받아야 하는 하양의 군사 수백 명이 위로 올라가다가 말을 탄 채로 그 앞을 지나갔다. 우복룡이 노하여 이들을 잡아 묶게 하고 반란을 일으키려 한다고 꾸짖었다. 하양 군사들이 병사兵使의 공문을 내보이고 변명하려 하자, 우복룡은 자신의 군사들에게 눈짓하여 그들을 포위하고 모두 죽이니 시체가 들에 가득하였다. 순찰사가 이것을 공을 세운 것이라고 조정에 보고하여, 우복룡은 통정대부로 승진하고 정희적을 대신해 안동부사가 되었다. 그 후에 하양 군사들의 가족인 고아와 과부들이 사신이 올 때마다 말 머리를 막고 원통한 사정을 호소했으나, 우복룡이 당시에 명성이 있었으므로 아무도 원통한 사정을 해결해 주려 하지 않았다.

우복룡禹伏龍(1547~1613)은 율곡 이이의 추천으로 조정에 나와 임란 당시에 용궁현감으로 있었던 사람이다. 성균관에 유생으로 있을 때부터 명성을 얻었으며, 전쟁이 끝난 뒤에도 계속 출세하여 나주목사와 충주목사, 강원도관찰사, 강도유수 등 외방의 주요 벼슬들을 역임하였다. 만약 서애의 이 기록이 없었다면 그는 임란에 전공을 세운 인물 가운데 한 사람으로만 기억되었을 것이다. 그러나 서애가 그 전공의 이면에 있는 실상과 전란기에 공정치 못했던 상벌을 고발함으로써 우복룡의 이중성을 폭로하였다. 서애가 이 사실을 기록할 당시에 우복룡은 아직 살아 있었으니, 살아 있는 인물을 두고 이렇게 기술하는 것은 쉬운 일이 아니다.

넷째, 이면성裏面性이다. 우복룡의 일도 그러하지만, 드러난 역사의 이면에는 드러나지 않은 이야기들이 숨어 있는 경우가 많다. 서애의 기록은 친절하게도 이 숨어 있는 이야기들을 들려준다.

> 황윤길이 부산에 도착하여 일본의 정세를 보고하기를 "반드시 병화가 있을 것입니다" 하였다. (서울로 돌아와) 복명할 때 임금이 불러 보고 묻자 황윤길은 앞의 보고와 같이 대답하였다. 김성일은 "신은 그런 정세가 있는 것을 보지 못했습니다" 하고 이어서 "황윤길이 인심을 동요시키는 것은 옳지 못합니다" 하였다. 이에 논의하는 사람들이 황윤길의 말에 따라 주장하기도 하고 김성일의 말에 따라 주장하기도 했다. 내가 김성일에게 "그대의 말이 황윤길의 말과 다르니 만약 병화가 있게 되면 장차 어떻게 할 것인가?" 하고 묻자, "나 역시 어찌 왜적이 끝내 움직이지 않으리라고 확신하겠는가. 다만 황윤길의 말이 너무 지나쳐 도성과 지방의 인심이 놀라 당황할 것이므로 해명한 것일 따름이다" 하였다.

임란 직전에 일본에 통신사通信使로 갔던 황윤길黃允吉과 김성일金誠一이 돌아와 서로 다른 보고를 한 것은 익히 알려진 사실이다. 이 일로 인해 황윤길은 늘 긍정적인 인물로 묘사되고 김성일은 부정적인 인물로 서술되곤 한다. 동서분당의 과정에서 황윤길은 서인이었고 김성일은 동인이었기 때문에 붕당의 폐해와 관련되어 언급되기도 한다. 그러나 서애는 김성일과 자신이 나눈 이면의 이야기를 기록하여 김성일의 보고가 단순히 반대를 위해 반대한 것이 아님을 보여 주고 있다. 공연한 불안으로 인해 민심이 동요될 것을 우려한 보고였음을 밝힌 것이다. 아울러 서애는 외교사절로 나가서 국가의 체면을 손상시킨 황윤길과 그 체면을 지키려고 한 김성일의 대조적인 처신을 이 글의 앞에 기록하여 둠으로써, 김성일의 보고가 일본에서의 황윤길의 행태에 대한 분노였음을 암시하고 있다. 그러나 결과적으로 김성일의 보고가 잘못된 것임은 부정할 수 없다. 그러므로 서애도 객관적인 사실만 적어 두었을 뿐 동문수학한 김성일을 변호하는 언급은 하지 않았다.

마지막으로, 『징비록』은 현장성이 뛰어나다.

> 적군이 대동강 가에 모습을 나타내기 시작하자 재신宰臣 노직 등이 종묘와 사직의 신주를 받들고 궁인을 보호하며 먼저 성문을 나갔다. 이에 성안에 있는 이속과 백성들이 난을 일으켜

칼을 빼어 들고 길을 가로막아 함부로 쳐서 종묘사직의 신주를 길바닥에 떨어뜨리고, 따라가는 대신들을 가리키며 욕하기를, "너희들은 평소에 국록만 훔쳐 먹다가, 이제 이처럼 나라를 그르치고 백성들을 속인단 말이냐?" 하였다. 내가 연광정에서 임금이 계신 행궁으로 가면서 보니, 길 위에 모인 부녀자와 어린아이들이 모두 노하여 머리털을 곤두세우고 서로 울부짖기를, "이미 성을 버리고 도망치고자 하면서, 무슨 까닭으로 우리들을 성안으로 불러들여 왜적의 손에 도륙을 당하게 하느냐?" 했다.

백성들의 분노와 관리들의 무능을 백성의 입을 통해 생생하게 전달하였다. 서애가 직접 목도한 사실을 직접화법으로 기술하여 현장감을 더하고 있는 것이다. 서애는 자신이 직접 겪은 일들은 이 경우처럼 직접화법으로 기술하여 현장감을 살리고자 하였다.

『징비록』의 원본은 종가에서 소장하다가 현재는 한국국학진흥원에 기탁되어 관리되고 있으며, 훼손된 원본을 복원하는 사업을 진행 중이다. 이 책은 간행되기도 하였는데, 1647년(인조 25)에 경상도관찰사 조수익趙壽益이 문중의 요청으로 간행하였으며, 1695년(숙종 21)에는 일본의 교토에서도 간행하였다.

2. 『서애집』과 기타 저술들

　　　　삼불후도 세월이 흐르면 점차 사람들의 기억에서 사라지게 된다. 그러므로 사람들은 그 덕과 공과 말을 기록으로 남겨 후세에 길이 전하고자 한다. 이렇게 해서 사후에 편찬되는 것이 문집이다. 문집의 본문에는 그의 말을 싣고, 부록에서는 그의 덕과 공을 기리는 타인의 글을 싣는다. 학문을 숭상하던 조선은 문집 간행에 매우 신중하였다. 문집의 판각에는 많은 경비가 소요되기도 하지만, 재력을 갖추었다고 해서 누구나 문집을 간행할 수는 없었다. 공론을 통해 인정을 받을 정도의 수준에 오른 인물이 아니면 마음대로 문집을 간행할 수 없는 사회적 구속력이 있었다. 공론의 인정 없이 자손들이 재력만 믿고 선조의 문집을 간행하는 것은 오히려 그 선조에게 누를 끼치는 일이었다. 그러므로 문집의 간행 여부는 그 사람을 평가하는 중요한 기준이었다. 적어도 조선 중기에는 그러했다. 그러므로 조선 중기의 문집은 그리 많지 않다. 그러나 조선 후기에 와서는 문집 간행이 일반화된다. 식자층이 두터워진 원인도 있겠으나 사회적 구속력이 약해진 탓이 크다. 문집 간행이 인물을 평가하는 척도이기보다는 자손들이 선조를 천양하는 사업이 된 것이다. 당연히 문집의 가치는 떨어지게 되었다.

　서애의 문집은 문집의 권위가 엄연히 살아 있을 때 간행된 것이다. 서애의 유고를 정리하여 간행을 주도한 사람은 아들 류진이다. 그는 서애의 제자인 정경세·이준 등과 함께 편차를 정하고, 1633년 합천군수 재임 시 해인사에서 원집 20권과 별집 4권의 목판본으로 간행하였다. 이것이 이른바 '합천본'이라고 하는 초간본이다. 당시에 연보를 비롯한 부록의 자료들도 정리된 듯하지만 간행되지는 못했다.

　2권의 연보와 1권의 행장·제문·만사 등으로 3권의 부록이 목판본으로 간행된 것은 초간본 간행 후 대략 70여 년이 지난 18세기 초로 추측되고 있으며, 1894년에 하회의 옥연정사에서 초간본과 부록을 합본하여 다시 목판본으로 간행하였다. 이것이 중간본인데 내용은 초간본과 거의 차이가 없다. 『서애집』의 목판은 『징비록』의 목판과 함께 국학진흥원에 기탁 관리되고 있다.

문집은 저자가 생전에 남긴 모든 글을 대상으로 선별과 교열의 과정을 거쳐 간행된다. 그러므로 서애의 모든 글은 사실『서애집』의 초고인 셈이다. 다만『징비록』처럼 분량이 많은 단행본이나 문집의 체제에 맞지 않은 글은 제외하거나 별도로 간행한다. 그러므로 문집은 그 사람의 일생이 응축되어 있는 총체적 저술이고,『서애집』도 예외가 아니다.『징비록』이 국보로 지정되어 서애를 대표하는 책이 되어 버렸지만, 서애라는 인물의 전체를 파악하기 위해서는『징비록』이 아니라『서애집』을 보아야 하는 것이다. 여기에는 그가 평생 지은 시와 명나라에 보낸 외교문서, 임금에게 올린 글, 명나라의 관리들에게 보낸 공문, 서간문, 논설류의 잡저雜著, 서문·기문·발문·제문·비문·묘갈문·묘지문·행장 등등의 글이 순서대로 실려 있다. 물론 편집 과정에서 제외된 글과 임진왜란기에 유실된 글들은 실리지 못했을 것이다.

　　서애종가는 그간 집안에서 보관해 오던 서적과 문서 유물들을 모두 한국국학진흥원에 기탁하였다. 그 가운데는『징비록』과『서애집』이외에 필사본으로 남아 있는 단행본들이 있다. 이 저술들은 내용의 일부가『서애집』에 들어가 있기도 하고, 별도로 간행되기도 하였는데, 일괄 정리해 보기로 한다.

　　먼저, 임진왜란과 관련된 저술로는『진사록辰巳錄』2책·『난후잡록亂後雜錄』2책·『근폭집芹曝集』2책이 있다.『진사록』은 왜란이 발발한 임진년(1592)과 그 이듬해 계사년(1593)의 2년 동안 임

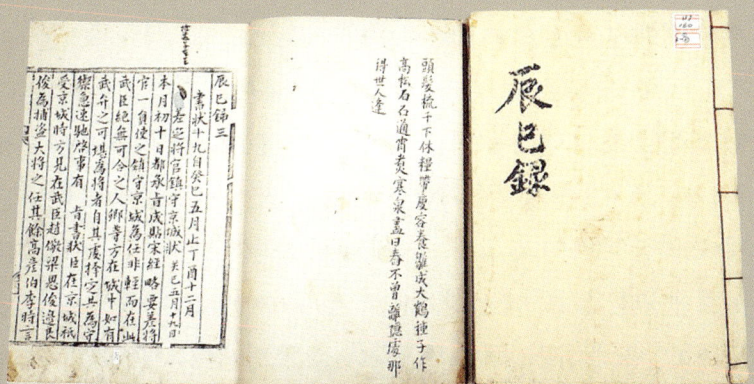

류성룡종손가문적 『진사록』(출처: 문화재청)

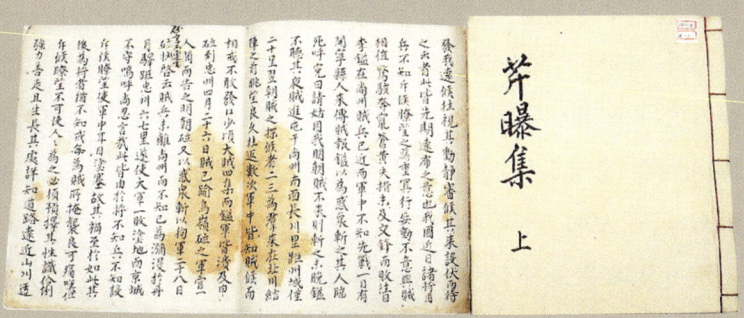

류성룡종손가문적 『근폭집』(출처: 문화재청)

금에게 올렸던 서장書狀들을 모아 놓은 책이다. 왜군과 조선군 및 명나라 군사들의 동정과 전황을 보고하고, 군량과 무기의 조달을 위한 대책 등을 건의한 내용들이다.

『난후잡록』은 『징비록』의 초고적 성격이 강한 왜란과 관련된 글들과 조선 전기 명인들의 이야기들을 기록한 수필적 성격의 글들로 구성되어 있다. 왜란과 관련한 기록인 상권에는 이순신과 관련한 내용이 많고, 그 밖에도 의병들의 활약상과 훈련도감 설치에 관한 일 등이 36항목으로 정리되어 있으며, 하권에는 양녕대군·황희·안평대군·사육신 등 조선 전기 명인들의 일사가 40항목으로 정리되어 있다.

『근폭집』의 '근폭芹曝'은 중국의 어떤 백성이 봄날의 따뜻한 햇볕을 쬐다가 임금께 이 햇볕을 바치고 싶은 마음이 일어났다는 고사와 어떤 농부가 봄철의 미나리 맛을 보고는 임금께 올리고 싶어했다는 고사에서 빌려 온 것이다. 서애가 그 백성과 농부처럼 소박한 충정으로 전쟁 기간 동안 임금에게 올린 차자箚子와 계사啓辭들을 모아 놓은 책이다.

이상의 책들이 '충忠'과 관련된 저술이라면 '효孝'와 관련된 저술도 있다. 『신종록愼終錄』은 자신이 부모의 상을 당해 겪었던 어려움을 상기하면서 장례와 관련한 술사術士들의 이론과 예법 및 세간에 전해 오는 이야기들을 정리한 책이며, 『영모록永慕錄』은 선친과 선형先兄 겸암의 유지를 이어 집안의 족보와 세계世系

를 정리하고 아울러 부친의 시문 및 연보를 수록한 책이다. 이 밖에도 서애가 작고하기 전 병중에 지은 시들을 엮은 『관화록觀化錄』이 있다.

憨吒錄

제5장 죽어서도 살아 있는 조상

1. 서애 불천위 제례의 특징

　　종가는 원래 4대의 신주를 가묘家廟에 모시고 4대의 제사를 받드는 집을 일컫는 말이다. 큰 종가에서 갈려 나와 4대가 지나면 이를 성종成宗이라 하니, 종가가 되었다는 뜻이다. 이 종가의 어른이 종손이며, 종손은 4대 봉사奉祀의 제주가 된다. 일반적으로는 이러하지만 안동지역에서는 종가와 종손의 의미를 특별하게 사용하려는 경향이 있다. 불천위 제사가 있는 집만을 종가라고 하고, 불천위 제사의 초헌관만을 종손이라고 한다. 불천위가 없는 집은 비록 4대를 지났더라도 주손胄孫이라고 하여 종손과 구분한다. 신분과 문벌이 중시되던 사회에서 종가와 종손의 위상을 높이려다 보니 이런 경향이 있게 되었을 것이다.

불천위는 4대가 지나도 신주를 땅에 묻지 않고 자손이 있는 한 영원히 받드는 제사를 말한다. 불천위의 신주를 모시는 사당을 부조묘不祧廟라고 하는데 별도의 사당을 마련하여 모시기도 하고 가묘에 4대의 신주와 함께 모시기도 한다. 불천위는 국가에 세운 공훈이나 벼슬, 학문과 덕행 등 다양한 사항을 종합적으로 고려하여 결정한다. 결정의 주체가 국가이면 국불천國不遷이라 하고, 유림이 공론으로 결정하면 유림불천이라 한다. 유림불천의 경우에도 도내의 유림이 모여 결정하면 도불천道不遷이라 하고, 향내의 유림이 모여 결정하면 향불천鄕不遷이라 한다. 이에 비해 공론을 거치지 않고 문중에서 결정한 경우를 사불천私不遷이라 하는데 위격位格이 다소 떨어진다.

이렇게 불천위가 되면 조상은 죽어서도 가묘에서 신주로 남아 자손들과 영원히 동거하게 된다. 동거하며 희비애환을 함께 겪는다. 집안에 일이 있을 때마다 자손이 고유告由하여 알려 드리기 때문이다. 서애의 제사는 국불천이다. 지금의 종손은 서애의 14대손이다. 서애의 제사는 14대에 걸쳐 국가가 인정하는 제사로 받들어 온 것이다. 아마 앞으로도 계속될 것이다. 이렇게 특별한 제사이니 의례도 특별할 수밖에 없다. 이제 그 의례의 특징적인 면모들을 살펴보자.

1) 서애 불천위 제사의 전반적 특징

서애의 불천위 제사일은 음력 5월 6일이다. 당일 새벽 축시 丑時에 제사를 봉행하기 때문에 그 전날인 5월 5일에 제수 장만과 집사분정 등의 준비절차가 이루어진다. 5월 5일은 민속 명절인 단오이므로 이 집안의 부녀자들은 창포를 머리에 꽂고 제수를 장만하기도 한다.

이 집안의 제사는 단설單設이다. 남편이나 아내의 제사에 내외분의 신주를 함께 모시고 지내는 제사를 합설合設이라 하고, 본인의 제사에 본인의 신주만 모시고 지내는 제사를 단설이라고 한다. 단설과 합설은 집안에 내려오는 예법에 따라 각기 다른데, 서애종가에서는 단설의 예법을 따르고 있다. 그러므로 서애의 제사에는 서애의 신주만 모시고, 부인의 신주는 모시지 않는다.

제사의 경비는 풍산읍 수리에 있는 위토답에서 나온 소출을 기본으로 하고, 제사에 참석하는 지손支孫들이 문어 등 현물로 제수를 마련하며, 하회마을보존회에서 현금으로 보조한다. 제사의 경비가 종가의 몫이 아니라 문중이 마련한 공적인 기금으로 사용되는 점 역시 불천위의 권위를 살필 수 있는 부분이다.

병풍은 그림이나 글씨가 없는 백병풍을 사용한다. 엄숙하고 정갈한 느낌이 있다. 제사를 거행하는 장소는 사랑마루가 아닌 안채의 대청이다. 다른 집안에서는, 일반 기제사는 안채의 마루에서 거행하고, 불천위는 사랑마루에서 지내는 경우가 많은데, 이 집안은 모든 제사를 안채의 마루에서 거행한다. 예전에는 제사에서의 역할을 정하는 집사분정執事分定을 하고 그 분정기分定記를 마루에 내걸었으나, 지금은 종손의 주관 아래 구두로 분정하고 분정기는 붙이지 않는다. 의식의 진행은 집례執禮의 창홀唱笏에 따라 이루어진다. 창홀은 집례가 큰소리로 식순인 홀기笏記를 읽는 일을 말한다.

2) 제사 음식의 특징

제수祭羞의 많고 적음과 특징적인 면모들은 제사의 권위를 가장 먼저 시각적으로 확인할 수 있는 부분이다. 서애 불천위 제사의 제수는 풍성하고 특징이 많다.

먼저, 과일은 땅에서 자라는 것이기 때문에 천양지음天陽地陰의 원리에 따라 홀수를 쓴다. 서애의 불천위 제사에는 조과造菓를 포함하여 대체로 9과 이상을 쓰는데 주로 13과를 쓴다. 과일은 본래 한 줄에 진설하지만 가짓수가 많아 두 줄에 걸쳐 진설한다. 일반적으로 예법을 지키는 집안의 기제사에서는 4과나 6과를 마련하고 8과를 잘 넘기지 않는다. 서애 제사의 제수는 극히 풍성한 셈이다.

조과는 땅에서 자란 과일이 아니라 만들어서 과일을 보조하

서애 불천위 배위 진설 음식(출처: 영남문화연구원)

는 과자류의 제수인데, 서애의 제사에는 중계中桂라는 독특한 조과를 올린다. 서애가 즐겨 드셨던 음식이라서 빠뜨리지 않는다고 한다. 중계는 박계朴桂의 일종이다. 박계는 유밀과의 일종으로 밀가루와 꿀을 섞은 반죽을 밀어 직사각형으로 썬 다음 기름에 튀긴 음식인데, 크기에 따라 대박계와 중박계, 소박계가 있다. 중계는 바로 중박계의 줄인말이다. 충무공의 『난중일기』에도 제수로 준비해 두었다는 기록이 보일 만큼, 조선 중기의 보편적인 제사 음식이었으나 후대로 오면서 점차 사라져 지금은 거의 만드는 집이 없다. 이 댁에서는 중계를 20층으로 쌓아서 제상에 올린다.

탕湯은 5탕을 쓴다. 탕의 그릇 수는 제격祭格과 관련이 있다. 7탕·5탕·3탕·2탕 등을 쓰는데, 국가의 제사에는 7탕을 쓰고 사가私家의 제사에는 5탕을 가장 많이 쓴다. 현대에는 보통 어탕과 육탕의 2탕을 쓰는데, 이 댁은 고법古法에 따라 5탕을 쓰고 있다. 탕은 어류와 육류를 무와 다시마, 소금 등을 넣고 끓여서 건져 내어 쓰는 제수인데, 무를 건져 다시마를 얹은 소탕, 소고기를 무 위에 얹은 육탕, 닭고기를 얹은 계탕, 명태를 얹은 어탕, 오징어를 얹은 해물탕의 5탕이다.

제주는 법주를 쓴다. 경주법주로 유명한 경주의 교동에서 시집온 종부 최소희 여사가 친정의 가양주를 빚어 올린다. 석 달을 발효시킨 술을 충효당忠孝堂이라는 글씨가 새겨진 술병에 담아 쓴다.

도적都炙과 자반(佐飯)은 이 제사의 돋보이는 제수이다. 적炙은 원래 구운 고기를 말하지만 이 제사에서는 생고기를 쓴다. 북어·고등어·방어·상어·홍어·소고기·문어·닭 등을 익히지 않고 대략 40cm 높이로 쌓아 제상에 올린다. 제물은 바다와 육지, 하늘에서 나는 생물을 고루 쓴 것이다. 자반은 도적을 보좌하는 제물인데, 북어·고등어·민어·도미·조기 등을 차례로 쌓아 올린다. 익히지 않은 제수를 쓰는 까닭에 대하여 문헌들에 여러 가지 이야기가 있으나 대체로 혼령은 냄새로 감응하기 때문에 날것으로 쓴다는 설이 그럴 듯하다.

　　떡은 편(餠)이라고 하는데 켜 수와 높이는 제격을 가늠하는 잣대이다. 서애 제사의 편은 백편·진주고물편·팥고물편·대두고물편·나물고물편 등의 본편과 송편·모시송편·송기송편·증편·부편·잡과편·화전·경단·깨꾸리 등의 잔편을 25켜, 약 40cm로 쌓는다. 켜 수는 반드시 홀수로 하는데 양수가 길한 숫자이기 때문이다.

　　이 밖에도 풍성한 제물이 있지만 여기에는 제수의 특징적인 면모만 살펴보았다.

3) 제사의 절차와 그 특징

　　서애의 불천위 제사는 입제일入祭日 아침 해 뜨기 전에 종손이 사당에 참례하여 제삿날이 도래하였음을 고하는 것으로부터 시작된다. 이후 축문을 작성하고 제관들이 모이면 각자의 역할을 분정한다. 제물의 진설은 1차 진설인 설소과設蔬果와 2차 진설인 진찬進饌으로 나뉜다. 과일과 나물을 올리는 1차 진설이 끝나면 신주를 사당에서 모셔와 신주의 뚜껑을 연다. 신주에는 서애의 직함이 다음과 같이 적혀 있다.

서애 불천위 배위 출주(출처: 영남문화연구원)

顯先祖考輸忠翼謨光國忠勤貞亮效節協策扈聖功臣大匡輔
國崇祿大夫議政府領議政兼領經筵弘文館藝文館春秋館觀
象監事世子師豊原府院君贈諡文忠公府君神主
현선조고수충익모광국충근정량효절협책호성공신대광보
국숭록대부의정부영의정겸영경연홍문관예문관춘추관관
상감사세자사풍원부원군증시문충공부군신주

모두 70자이다. 신주는 반드시 한 줄에 다 적어야 하기 때문에 글씨가 깨알 같다. 신주를 모신 뒤의 절차는 대략 다음과 같다.

(1) 참신

참신參神은 참례하는 모든 제관들이 두 번 절하여 신주에 인사를 올리는 절차이다.

(2) 강신

강신降神은 제주祭主인 종손이 분향과 뇌주酹酒로써 혼백을 부르는 절차이다. 분향은 세 번 향을 올리는 절차인데 하늘의 혼魂을 부르는 의식이고, 뇌주는 술을 세 번 나누어 모사에 붓는 절차인데 땅의 백魄을 부르는 의식이다. 지방紙榜을 모시고 제사를 지낼 때는 강신을 먼저 하고 참신을 하지만, 신주를 모시는 제사에서는 혼백이 이미 강림한 것으로 간주하여 참신을 먼저하고 강신한다.

(3) 진찬

진찬進饌은 2차 진설이다. 도적과 탕, 메(밥)와 갱(국), 면과 편

등 나머지 모든 제물을 올린다. 더운 음식의 온기를 보존하기 위해 시차를 두고 올린다고 한다.

(4) 초헌

초헌初獻은 초헌관이 술잔을 올리는 절차이다. 초헌관은 제주인 종손이 맡는다. 초헌관이 제상 앞에 꿇어앉으면 집사가 술을 따라 신주 앞에 올린다.

(5) 독축

독축讀祝은 축관이 축문을 읽는 절차이다. 초헌관이 술잔을 올리고 부복해 있으면 축관이 초헌관의 왼편에 꿇어앉아 축문을 읽는다. 축문은 돌아가신 날을 맞이하여 사모하는 마음을 이기지 못해 맑은 술과 여러 음식들을 차려 올리니 흠향하시라는 내용이다. 독축이 끝나면 종손은 두 번 절하고 뒤로 물러난다.

(6) 아헌

아헌亞獻은 아헌관이 술잔을 올리는 절차이다. 집사가 초헌관이 올린 술잔을 퇴주하고 아헌관에게 건네어 술을 따라 올린다.

(7) 종헌

종헌終獻은 종헌관이 술잔을 올리는 절차이다. 집사가 아헌관이 올린 술잔을 퇴주하고 종헌관에게 건네어 술을 따라 올린다.

(8) 유식

유식侑食은 이상의 삼헌三獻이 끝나고 음식을 드시기를 권하는 절차이다. 초헌관이 주전자를 들고 술잔에 첨작한 뒤, 숟가락을 메에 꽂고 젓가락을 바로 놓는다.

(9) 합문

합문闔門은 병풍으로 제상을 가려 음식을 드시게 하는 절차이다. 이때 모든 제관은 병풍 앞에 부복하여 기다린다. 대체로 아홉 숟가락을 드실 때쯤을 기다렸다가 축관이 헛기침을 세 번 하고 가렸던 병풍을 걷는다.

(10) 진다

진다進茶는 국그릇을 숭늉으로 교체하는 절차이다. 이때 메에 꽂았던 숟가락을 뽑아 숭늉 그릇에 걸쳐 놓고 제관들은 잠시 동안 고개를 숙이고 서서 기다린다.

(11) 사신

사신辭神은 신을 보내는 절차이다. 숭늉 그릇에 걸쳐 놓았던 숟가락을 내려놓고 신주의 뚜껑을 덮는다. 축관이 제주에게 읍을 하며 '이성利成'이라고 말하여 행사가 순조롭게 이루어졌음을 고한다. 제주도 답례로 읍을 한다. 모든 제관이 두 번 절하여 신을 작별한다. 축문을 태우고 신주를 사당으로 모신다.

이상의 절차에는 다른 집안 혹은 다른 제사와의 차이점이 있다. 정리해 보면 다음과 같다.

첫째, 도적을 2차 진설에 올리는 점이 특이하다. 일반적으로 도적은 초헌관이 술잔을 올리고 난 뒤에 올린다. 혹 육적肉炙(소고기와 돼지고기)인 도적과 어적魚炙(조기), 치적雉炙(꿩이나 닭)의 삼적을 마련하였으면, 세 명의 헌관이 술잔을 올릴 때마다 적을 각각 올리기도 한다. 그러나 이 댁은 도적에 모든 제물을 쌓아 2차 진설에서 올리고 있다.

둘째, 일반 제사에서 아헌관은 종부가 맡는다. 초헌관은 모든 자손을 대표하여 종손이 맡고, 아헌은 집안의 부녀자들을 대표하여 종부가 맡으며, 종헌은 방손들을 대표하여 연장자가 맡는다. 그러나 서애의 불천위 제사에는 종부가 아헌관을 맡지 않는다. 불천위 제사는 사사로운 개인의 제사이기보다는 공적인 의미가 크기 때문이다.

이 밖에도 여러 특징적인 면모들이 있지만 이상의 두 가지가 독특한데, 모두 서애 불천위 제사의 권위를 높이는 절차들로 이해할 수 있다.

2. 병산서원 향사와 임진년 치제

　　종가에서 행해지는 불천위 제사는 비록 공적인 의미를 띠고 있지만 결국은 집안의 행사이다. 그러나 선현을 존중하던 조선은 학문과 덕행이 특별히 뛰어난 인물에게 집안의 울타리를 벗어난 추모의 제전을 베풀었다. 국가가 기려야 할 인물에게는 임금의 제문과 제물을 갖춘 예관을 보내 치제致祭하였고, 유림이 기려야 할 인물에게는 서원에서 위패를 모시고 향사享祀를 올렸다.
　　치제는 대체로 사후에 한 차례로 끝나지만 서애의 치제는 60년을 주기로 돌아오는 매 임진년마다 반복되는 특별한 경우이다.
　　서애는 사후에 안동의 병산서원屛山書院, 군위의 남계서원南溪書院, 상주의 도남서원道南書院, 예천의 삼강서원三江書院, 의성의

빙계서원氷溪書院 등 여러 곳에 위패가 모셔졌는데 주원主院은 병산서원이다. 병산서원은 대원군의 서원철폐 당시에도 훼철되지 않았으나, 나머지 서원들은 모두 훼철되었다가 후일 복원되기도 하고 혹은 일부만 남아 있기도 하다. 이제 병산서원의 향사와 임진년 치제를 통해 영원한 선현으로 남은 서애를 살펴본다.

1) 병산서원 향사

병산서원은 안동시 풍천면 병산리에 있다. 서애가 풍산현 상리에 있던 풍악서당豊岳書堂을 현재의 위치로 옮겨 강학하던 곳인데, 서애 사후 1613년에 정경세鄭經世 등이 유림의 공론을 모아 서원으로 만들었다. 존덕사尊德祠를 세워 서애의 위패를 봉안하였고, 1662년에는 서애의 아들 수암修巖 류진柳袗을 부자의 사적인 관계가 아니라 사제의 공적인 관계로 인정하여 종향從享하였다. 1863년에 사액사원으로 승격되었으며, 대원군의 서원철폐령에 훼철되지 않은 47개 서원 가운데 하나이다. 강당은 입교당立敎堂이며, 정문은 복례문復禮門, 문루는 만대루晩對樓이다. 특히 만대루는 규모가 웅장하고 올라서 보는 경치가 아름다워 많은 사람의 사랑을 받아 왔다.

병산서원에서는 3월과 9월의 초정일初丁日(매월 日干에 '丁'자가 처음 들어가는 날)에 유림이 모여 서애의 향사를 거행한다. 서원의

제상(출처: 영남문화연구원)

향사 집사분정(출처: 영남문화연구원)

향사는 장중하고 엄숙한 의례이기 때문에 절차가 까다롭고 엄격하였다. 그러나 현대에 와서 문화환경과 생활유형이 바뀌면서 시간대도 바뀌고 제수도 간소화되는 추세에 있다. 예컨대 병산서원의 향사는, 예전에는 새벽 1시에 시간을 엄수하여 거행하였으나 지금은 오전 6시~7시쯤으로 조절하였고, 희생犧牲도 돼지 한 마리에서 반 마리로 줄였다. 요즈음 거행되는 향사의 순서는 대략 다음과 같다.

(1) 시도

향사 전날 오후 3시까지 망기望記(위촉장)를 받은 유림과 유사有司들이 서원에 도착하여 시도기時到記(방명록)를 작성한다.

(2) 개좌

개좌開座는 저녁 식사 후 6시~7시쯤에 강당에서 회의를 개최하는 절차이다. 유사가 개좌를 아뢰면 헌관獻官과 유사 및 참례자들이 모두 둘러서서 상읍례相揖禮를 행한 뒤 집사분정을 한다. 집사분정은 별유사別有司들이 시도기를 참고하여 미리 정하여 둔 분정안을 원장에게 보여 인가를 받는 것으로, 일종의 약식 분정이다. 분정이 끝나면 유사 가운데 필치가 좋은 사람이 분정기를 써서 분정판에 붙이고 좌중에 회람시킨다. 이어서 집례가 분정의 내용을 큰소리로 외치는데 이를 창방唱榜이라 한다.

(3) 제물봉치

제물봉치祭物封置는 준비된 제물을 근봉謹封이라 쓴 띠지로 묶어 제상 위에 진설해 두는 절차이다. 원래는 향사 전날 준비해 두었다가 당일 아침에 사당으로 옮겼으나, 요즈음은 미리 사당에 올려놓는다. 이때의 제물은 모두 익히지 않은 날것을 쓰는데 다음과 같다.

일조一俎: 저생猪牲(돼지고기)
일보一簠: 도미稻米(맵쌀)
일궤一簋: 서미黍米(기장)
사변四籩: 황률黃栗(생밤), 건조乾棗(대추), 어수魚鱐(대구포), 녹포鹿脯(육포)
사두四豆: 청저菁菹(무), 근저芹菹(미나리), 어해魚醢(명태), 육해肉醢(소고기)

조俎는 희생을 담는 제기이고 저생은 돼지고기이다. 갓 잡은 돼지 한 마리를 머리부터 꼬리까지 반으로 잘라 원위와 종향위에 각각 반 마리씩 올린다.

보簠와 궤簋는 짝을 이루는 제기인데 각각 하늘과 땅을 상징한다. 보에는 멥쌀을 깨끗이 일어 담고, 궤에는 기장을 씻어 담는다.

변籩과 두豆 역시 짝을 이루는 제기이다. 변은 죽기이니 마른 제물을 담고, 두는 목기이니 젖은 제물을 담는데, 변두의 수는 제격을 가늠하는 중요한 잣대이다. 공자를 모신 문묘에서는 팔변팔두八籩八豆를 쓰고 서원에서는 일반적으로 사변사두四籩四豆를 쓴다. 병산서원에서는 원위에 사변사두를 쓰고 종향위에는 이변이두를 쓴다. 변籩에는 위에 나열한 제물을 쓰는데, 다만 녹포는 말린 사슴고기를 쓰는 것이 원칙이지만 소고기를 말린 육포로 대신하였다. 두豆에는 절인 음식, 즉 절인 무와 절인 미나리, 명태젓갈과 소고기 젓갈을 쓰는 것이 원칙이지만 절이지 않은 날것을 쓰고 있다. 이처럼 서원의 제사에는 모두 날것을 쓰기 때문에 서원에 봉향된 인물을 혈식군자血食君子라고 한다.

이상이 향사 전일의 준비절차이고, 당일의 절차는 대략 다음과 같다.

(4) 도열堵列

아침 6시 무렵 헌관과 유사들이 의관을 갖추고 사당의 계단

아래에 동서로 마주보고 서서 서로 읍을 한다. 원래는 사당으로 올라가는 제물을 맞이하는 절차였으나 제물이 미리 올라가 있으므로 상읍례만 행하고 줄을 지어 사당의 동문으로 들어가 뜰에 차례대로 선다. 이때 헌관들은 사모관대를 착용하고 홀을 드는데, 초헌관인 원장은 홍색 관복을 입고 다른 헌관들은 청색 관복을 입는다.

(5) 개독

개독開櫝은 축관과 유사가 서애의 원위元位와 수암의 종향위從享位 위패의 뚜껑을 여는 절차이다. 위패를 열고 나면 뜰에 서 있던 학생과 유사 및 헌관이 각각 세 차례로 나누어 두 번 절한다. 여기서의 배례는 일반 기제사의 참신례에 해당하며 소임에 따라 각각 구분하여 절을 하는 것이 특이하다.

(6) 삼상향三上香

헌관을 인도하는 알자가 초헌관에게 행사의 시작을 청하는 절차로부터 향사가 시작된다. 초헌관은 알자의 인도를 받아 관세위에 나아가 손을 씻고 신위 앞에 나아가 세 번 향을 올리고 부복한 뒤에 일어나 원래 자리로 돌아온다. 이때 좌우집사가 향로를 제상 위로 올린다. 이 절차는 원래 폐백을 올리는 전폐례奠幣禮에 해당하는 것인데, 병산서원에서는 전폐례를 향로를 올리는 것으로 대신한 것이다.

(7) 초헌례初獻禮

알자의 인도를 받은 초헌관이 관세위에서 손을 씻고 술통이 있는 준소尊所를 거쳐 신위 앞으로 나아가 꿇어앉는다. 사준司尊이 술을 따라 봉작奉爵에게 건네고, 봉작은 이를 받아 헌관에게 건넨다. 헌관은 술잔(爵)을 받아서 신위 앞에 높이 올렸다가 전작奠爵에게 건네고, 전작은 이를 받아 제상 위에 올린다. 술잔을 올리고 나면 축관이 헌관의 왼쪽에서 독축한다. 독축이 끝나면 초헌관과 축관이 원래 자리로 돌아온다.

(8) 아헌례亞獻禮

초헌례와 같이 진행되지만 독축은 없다. 찬인贊引의 인도를 받은 아헌관이 관세위와 준소를 거쳐 신위 앞에 나아가 둘째 잔을 올린다. 일반적인 기제사에서는 초헌관이 올린 술잔을 퇴주하고 다시 아헌관이 술잔을 올리지만 서원의 향사에서는 퇴주하지 않고 다른 술잔을 사용한다.

(9) 종헌례終獻禮

찬인의 인도를 받은 종헌관과 분헌관分獻官이 관세위와 준소를 거쳐 신위 앞으로 나아간다. 종헌관은 원위에 셋째 잔을 올리고, 분헌관은 종향위에 술잔을 올린다. 원위에는 세 잔의 술을 올리지만 종향위는 분헌관의 단잔單盞으로 헌작이 마무리된다.

(10) 음복례

음복례飮福禮는 신이 흠향하신 술과 음식을 마시고 먹음으로써 초헌관이 헌관들을 대표하여 복을 받는 절차이다. 먼저 축관이 준소에 나아가 복주福酒를 잔에 따르고, 도마와 칼을 가지고 신위 앞의 고기를 자른다. 이때 고기는 돼지의 귀를 상징적으로 조금 자른다. 알자의 인도를 받은 초헌관이 사우祠宇의 서편 가장자리에 마련된 음복위에 나아가 꿇어앉으면 축관이 초헌관의 왼쪽에 나아가 술잔을 초헌관에게 드린다. 초헌관이 술잔을 받아 입술에 댄다. 축이 다시 북향하여 고기를 초헌관에게 드리면 초헌관은 고기를 입으로 가져갔다가 다시 축관에게 주고, 축관은 그 고기를 축문을 쓴 종이에 싸서 상 위에 올려 둔다. 초헌관은 원래 자리로 돌아와 다른 헌관들과 함께 재배하고 바로 선다.

(11) 철변두

철변두撤籩豆는 제물을 거두는 절차이다. 축관이 들어가 변籩 하나와 두豆 하나를 상징적으로 옮기고 난 뒤 제관들이 모두 재배한다. 축관이 신위의 뚜껑을 닫고 보簠와 궤簋의 뚜껑을 덮는다.

(12) 망예

망예望瘞는 음복례에 쓴 제물과 축문을 땅에 묻는 절차이다. 알자의 인도를 받은 초헌관이 음복위 옆에 마련된 망예위에 나아가 북향하여 서면 축관이 고기를 싼 축문을 망예위에 묻는다. 알자가 다시 초헌관을 원래 자리로 인도한 뒤 초헌관의 왼쪽에 서서 의식이 끝났음을 고한다. 알자는 초헌관을, 찬인은 다른 헌관들을 인도하여 밖으로 나가고 축관과 여러 집사들도 재배하고 순서대로 나간다. 찬자와 알자, 찬인도 각각 재배하고 나간다. 이로써 향사의 모든 절차가 마무리된다.

2) 치제

서원의 향사가 유림이 주관하는 의식이라면 치제致祭는 국가가 선현을 기리는 방식이다. 형식상의 제주는 국왕이 되며, 국왕이 예관을 파견하여 선현의 위패에 제사를 올린다. 경우에 따라 세자가 제주가 되어 예관을 파견하기도 하였다. 치제의 대상은 일정한 품계에 오른 고관과 국가에 특별한 공훈을 끼친 인물, 학행이 탁월한 사람들이었다. 치제의 대상이 되는 것은 대단히 영광스러운 일임은 분명하지만 대체로 2품 이상의 관리들이 죽으면 사후 1회에 한하여 의례적으로 행해졌기 때문에 형식적인 측면이 강하기도 하였다. 그러나 서애에 대한 조선 왕실의 치제는 형식을 넘어서는 특별한 점이 있다. 재상을 지낸 인물에 대한 의례적인 치제가 아니라 국난을 극복한 공훈에 대한 기림이라는 특별한 의미가 부여되었으며, 그 특별한 의미를 충족하기 위해 반복된 횟수 역시 특별하다.

서애에 대한 치제는 그의 죽음 직후에 임금 선조와 세자 광해군이 각각 예관을 보낸 것을 시작으로 조대마다 이루어졌다. 죽음 직후의 치제가 의례적인 것이었다면 그 이후에 이루어진 치제는 특별한 의미 부여가 이루어진 경우이다.

1794년(정조 18)에 서애의 8대 종손 류상조柳相祚와 그의 종제 류이좌가 함께 문과에 급제하였을 때, 임금은 서애의 경륜과 사업을 회상하며 승지를 보내어 가묘에 치제하였다.

1832년(순조 32)은 임진왜란이 발발한 지 240년이 되는 임진년이었다. 이해에 임금은 임란을 극복한 공신들을 추념하여 치제하도록 하였다. 송상현·조헌·고경명·이순신 등은 그들이 순절한 곳에 단壇을 만들어 본도의 수령으로 하여금 치제하게 하였고, 이항복·윤두수·정곤수·류성룡·권율은 가묘에 승지를 보내어 치제하게 하였다. 이때의 치제가 서애종가의 임진년 사제賜祭의 효시이니 이후 매 임진년마다 치제가 이루어졌다. 60년 뒤인 1892년(고종 29)에도 조정은 전례에 따라 예관을 보내어 치제하였고, 한국전쟁 기간 중이던 1952년(임진)에도 이승만 대통령이 신현돈 경상북도지사를 보내어 가묘에 치제하고 백낙준 문교부장관으로 하여금 특별 강연을 하게 하는 등 기념행사를 거행하였다.

오는 2012년은 이로부터 다시 1갑자가 지난 임진년이다. 국가가 어떤 기림을 할 것인지 기대된다.

懲毖錄

제6장 대를 이은 향기

1. 퇴계학 이어받기

위인은 죽어서도 향기를 후세에 남기고 그 향기는 마디마디 꽃을 피운다. 그 꽃들이 다시 향기를 풍기니 서애의 가문에는 대를 이은 향기들이 자욱하다. 이제 서애의 후손들이 어떠한 향기로 지금까지 이어지고 있는지를 살펴보자. 서애는 퇴계의 대표적인 제자이고, 임란의 과정에서 재조再造의 공이 있었다. 퇴계학이 향내적向內的 성향이 강하다면, 서애는 임란 과정에서 실천적 역량을 보완하면서 새로운 국면을 보였다. 이러한 서애의 학문 태도와 현실응전력이 후손들에게서도 다양한 모습으로 나타난다.

1) 류진(1582~1635)

류진柳袗의 자는 계화季華, 호는 수암修巖이다. 서애의 셋째 아들이자 제자이며 한강 정구의 문하에서도 배웠다. 1610년에 사마시에 1등으로 급제하고 유일遺逸로 천거되어 벼슬이 사헌부지평에 이르렀다. 봉화·영주·청도·예천·합천 등의 고을을 맡아 선정을 베풀어 곳곳마다 선정비가 섰다. 부친 서애와 한강으로부터 퇴계학의 적통을 계승하여 성경공부誠敬工夫에 독실하다는 평을 들었다. 사후에 이조참판에 추증되고 병산서원에 종향從享되었다.

문집 4권 3책과 『사례집략』, 『임진록』, 『임자록』 등의 저술이 남아 있다. 특히 『임진록』은 국문으로 쓰인 임진왜란 당시의 피난 일기로 국문학계에서 높이 평가하는 작품이다. 그는 36세에 상주의 중동면 가사리로 이거하여 상주 서애파의 입향조가 되었다. 현재 종택이 상주군 중동면 우물리于勿里에 남아 있다.

2) 류원지(1598~1674)

류원지柳元之의 자는 장경長卿, 호는 졸재拙齋이다. 서애의 장손으로 태어나 숙부 수암에게 가학을 익히고 서애의 빼어난 제자인 우복 정경세에게 배워 '도산후제일陶山後第一'이라는 평이 있

졸재 류원지 시비(출처: 영남문화연구원)

었다. 33세 때에 창락도찰방에 제수되어 벼슬에 나아갔다. 원래 벼슬에 뜻이 없었으나 숙부 수암의 "세신지가世臣之家의 자제는 산림처사로 자처하며 나라의 어려움을 외면할 수 없다"는 가르침에 따라 벼슬에 나간 것이다. 그 뒤 통례원인의 겸 한성부참군을 거쳐 사헌부감찰, 군자감주부 등의 내직과 황간현감, 진안현감 등의 외직을 역임하였다. 병자호란 때는 안동의 의병을 지휘하여 명망이 높았으며, 지리·상수·예악·율력·의학 등에 두루 밝았다. 사후에 겸암 류운룡의 서원인 화천서원에 종향되었다. 문집 14권 7책이 있다.

3) 류후장(1650~1706)

류후장柳後章의 자는 군회君晦, 호는 주일재主一齋이다. 서애의 현손이며 졸재의 손자이다. 총명한 자질로 조부인 졸재와 족숙인 우헌 류세명에게 배워 학문을 이루었다. 학문과 덕행으로 명망이 높아 건원릉참봉, 세자익위사 부솔, 시강원자의 등의 벼슬이 내려왔으나 모두 사양하고 나아가지 않았다. 특히 예학에 밝아 주변의 크고 작은 의절들이 모두 그의 견해에 따라 시행되었다. 문집 6권 3책이 있다.

4) 류규(1730~1808)

류규柳淕의 자는 수부秀夫, 호는 임여재臨汝齋이며, 서애의 6대손이다. 총명한 자질로 일찍부터 학문에 전념하였으며, 성리서와 경전을 비롯하여 천문과 율려에도 조예가 깊었다. 번암 채제공의 천거로 의금부도사가 되었는데 왕의 총애를 입어 자주 입대하였다. 사도세자의 억울함을 아뢰는 영남유림의 만인소萬人疏를 주도하여 명성이 높았다. 내직으로는 사재감봉사 · 종부시직장 · 사옹원주부 · 사헌부감찰 등을 역임하였고 외직으로는 경산현령을 지냈는데, 특히 경산현령 재임 시에 치적이 탁월하였다. 퇴계와 서애 및 졸재로 이어져 온 학풍을 계승하여 경敬의 실천에 힘썼다. 만년에 수직으로 통정대부에 올라 돈령도정이 되었다. 문집 9권 5책이 있다.

5) 류심춘(1762~1834)

류심춘柳尋春의 자는 상원象遠, 호는 강고江皐이며, 수암 류진의 6대손이다. 향시와 사마시에 합격한 뒤 입재立齋 정종로鄭宗魯의 문하에 나아가 더욱 정진하였다. 정조의 총애를 받아 세자익위사 우익위, 충훈부도사, 세자익위사 좌익찬, 의성현령, 돈령부 도정 등을 역임했다. 여러 차례 경연에 나아가 '훌륭한 강관'이라는 평이 있었다. 청백리에 녹선되었고, 아들 낙파 류후조가 영달하여 영의정에 증직되었다. 문집 19권 10책이 있다.

6) 류상조(1763~1838)

류상조柳相祚의 자는 이능爾能, 호는 일우逸愚이며, 졸재의 6대손이다. 32세 때인 1794년(정조 18) 알성시에 을과 1인으로 급제하여 내외 요직을 두루 거쳐 병조판서에 올랐으며 풍안군豊安君에 봉해졌다. 조야에 명망이 높았으며, 시호는 정간貞簡이다. 「연행록」 등의 유고가 남아 있다.

퇴계는 평생토록 경敬이라는 수양개념을 심중에 넣고 살았다. 이러한 사실이 그의 직전제자들에게 다양하게 전해진다. 서애도 예외는 아니었다. 이러한 측면에서 볼 때, 류진이 퇴계학의 적통을 계승하며 성경공부를 독실하게 하였다는 것이나, 류원지가 우복 정경세에게 배워 '도산후제일'이라는 평가를 들은 것은 이상한 일이 아니다. 류후장이 그의 호를 주일재로 삼은 것도 같은 맥락에서 이해된다. '주일'은 경을 구체적으로 설명하는 대표적인 개념이기 때문이다.

경의 조목 가운데 기심수렴불용일물其心收斂不用一物이라는 것은 마음을 수렴하여 어떤 사물도 받아들이지 않는 데서 발생하는 하나의 집중 상태를 의미하기도 한다. 서애가에서는 이러한 자기 수양을 기반으로 하되, 사회적 요구를 무시하지 않았다. 류규가 성리서 등 다양한 유가경전에 잠심하면서도 영남유림의 만인소를 주도한 것은 모두 이러한 맥락에서 이해된다. 우리는 여기서 서애 후손들의 학문 역량이 사회적으로 어떻게 발현되는가 하는 것을 알게 된다.

2. 충효의 기치를 다시 들며

　　충효는 서애가 내린 유훈으로 서애종가를 규정하는 대표적인 개념이다. 따라서 서애의 후손들은 효로써 집안을 다스리는 바탕을 삼고, 충으로써 나라를 다스리는 바탕을 삼고자 했다. 종가에 걸려 있는 현판은 이에 대한 상징물이라 하겠는데, 나라에 특별한 변고가 있을 때 효는 충으로 환치되어 세상을 구하는 기본적인 정신이 되었고, 변고가 없을 때는 충이 효로 바뀌어 문중의 화평과 종친의 돈목을 꾀하는 중요한 원리로 작용하였다. 조선이 서서히 쇠멸해 가고 있었을 때 서애의 후손들은 어떻게 하였을까?

1) 류이좌(1763~1837)

류이좌柳台佐의 자는 사현士鉉, 호는 학서鶴棲이다. 졸재의 6대 손이고 첨지중추부사 사춘師春의 아들이며 일우 상조의 종제從弟이다. 초명이 태조台祚였으나, 정조가 '너는 나를 도우라'는 의미로 '너 이'(台) 자와 '도울 좌'(佐) 자를 하사하여 '이좌台佐'로 개명했다. 어려서부터 신동으로 이름날 정도로 총명이 남달라 가문의 기대가 컸으며, 7세 때 백부인 외재畏齋 종춘宗春에게 배웠다. 자라서는 3종조인 임여재 규에게 수학했다. 32세 때는 동갑 종형인 일우 상조와 같은 해에 정시문과에 병과 5인으로 급제하였다. 이들 종형제가 나란히 문과에 급제하자 국왕인 정조는 친히 제문을 지어 조상인 서애 선생에게 사제賜祭의 은전을 내렸다. 이때의 제문은 현재 보물 제460호로 지정되어 충효당에 보관되어 있다. 수찬, 교리, 예조참의, 김해부사, 동부승지 등 직을 거쳐 예조참판에 이르렀다. 묘소는 예천 고현古縣에 있다.

중요민속자료 제82호로 지정되어 있는 북촌댁北村宅을 지은 석호石湖 류도성柳道性은 공의 손자다. 당호는 화경和敬인데 북촌댁에 게판되어 있다. "충효忠孝는 우리 종가에 걸려 있는 현판인데, 화경和敬은 충효의 일반적인 길이다. 화和로써 어버이를 섬기면 그것이 효孝요, 경敬으로써 임금을 섬기면 그것이 바로 충忠이기 때문이다"라는 공의 말에 따른 것이다.

2) 류치목(1771~1836)

류치목柳致睦의 자는 정오定吾, 호는 애운厓雲이다. 서애 선생의 장손자인 졸재 류원지의 6대손으로 서애의 9대손이 된다. 아버지는 류헌조柳憲祚이고, 어머니는 창원황씨昌原黃氏 재대載大의 딸이다. 천성이 영매穎邁하고 품성이 준상儁爽하였다.

1814년(순조 14) 식년문과에 병과丙科로 급제하여 관직에 나아갔다. 1820년(순조 20) 종부시주부를 거쳐, 병조좌랑兵曹佐郎을 지내고, 이듬해 정언正言이 되었다. 1823년(순조 23)에 시강원사서侍講院司書를 거쳐 1829년(순조 29)에 사간司諫, 응교應敎, 수찬修撰 등을 두루 거쳤다. 1830년(순조 30)에 통정대부通政大夫가 되어 6월에 정주목사定州牧使에 제수되었고, 이어 7월에 형조참의刑曹參議에 제수되었다. 1836년(헌종 2)에 대사간大司諫에 임명되었으나 부임하지 않고, 같은 해 겨울에 돌아갔다.

부인은 진산강씨晉山姜氏 사인士人 종흠宗欽의 딸이다. 모두 2남 1녀를 두었는데, 장남인 도린道麟은 공의 백씨伯氏인 처사공 경목敬睦의 후사로 들어갔고, 차남은 도봉道鳳이다. 딸은 진성이씨眞城李氏 휘부彙溥에게 출가했다.

현재 하회마을 남촌의 중심에 자리 잡은 남촌댁(중요민속자료 제90호)은 공이 현 위치로 분가해 나오면서 비롯하였다.

3) 류후조(1798~1875)

　류후조柳厚祚의 자는 재가載可, 호는 낙파洛坡이며, 강고 심춘의 아들이다. 학문과 관후寬厚한 풍모로 세상에 널리 알려졌고 서애 이후 정승 자리에 올라 좌의정에 봉조하奉朝賀가 된 '복덕재상福德宰相'이며, '낙동대감'으로 널리 알려져 있다.

　사마시에 합격한 뒤에 장흥부사, 강릉부사 등을 지냈다. 1858년(철종 9) 정시문과에 병과 1인으로 급제한 뒤 영상 김좌근의 추천으로 통정대부에 올라 공조참의, 승정원좌부승지, 대사간 등을 지냈다. 철종 14년에 대사간이 되어 영의정 정원용의 추천으로 형조참판을 거쳐 1864년(고종 원년)에 이조참판, 대사헌, 공조판서, 홍문관제학을 거쳐 우의정이 되었다. 1867년(고종 4)에 좌의정을 지낸 뒤 은퇴하여 향년 78세를 일기로 세상을 떠났다. 시호는 문헌文憲이다.

　낙파는 30여 년간 헌종·철종·고종의 삼조三朝를 거치면서 드넓은 학문과 덕망으로 당색을 초월하여 존경을 받았다. 묘소는 김천시 개령면 동부리 교동校洞에 있는데 사향巳向으로 모셔져 있다.

4) 류주목(1813~1872)

　류주목柳疇睦의 자는 숙빈叔斌, 호는 계당溪堂, 간곡거사澗谷居士, 노시산인老柴散人 등이다. 서애 선생의 9대손이며, 강고 류심춘의 장손이고, 낙파 류후조의 맏아들이다. 학행으로 천거되어 동몽교관과 장악원주부, 충청도도사에 제수되었으나 모두 나아가지 않았다.
　1835년 한성시와 1842년 향시에 합격했으나 회시會試에 낙방한 뒤 과거를 단념하고 돌아와 '계당溪堂'이라는 초가집을 짓고 평생 학문과 후진 양성에 전념하였다. 생애를 일관하여 흠절欠節이 없는 학자적 삶을 살았고 많은 저술을 남겼으며 후진을 양성하는 등의 훌륭한 전범을 남겼다.
　저술로는 문집 16권 8책(속집 2권 1책)이 있으며, 이 밖에도 우리나라의 예설禮說을 수집 보완한『전례유집全禮類集』70책과 성리설에 관련된『사칠논변四七論辨』, 조선 정치사에 있어서 중요한 자료라 할 수 있는 붕당朋黨에 관련된 문적을 정리한『조야약전朝野約全』5책, 우리나라 씨족의 계보를 밝힌『해동보海東譜』40책 등 많은 저술을 남겼다. 묘소는 김천시 개령면 서부리에 정향丁向으로 모셔져 있다.

5) 류도성(1823~1906)

류도성柳道性의 자는 선여善汝, 호는 석호石湖이다. 참판을 지낸 이좌의 손자이고, 예안현감을 지낸 기목祈睦의 아들이다. 뒤에 후사가 없는 백부 희목希睦에게 출계했다.

어려서부터 조부인 학서 이좌 공에게 배워 경전은 물론 수리학에 이르기까지 두루 통했다. 1882년(고종 19)에 학행學行으로 천거되어 선공감역이 되고, 이어서 영의정 홍순목洪淳穆의 추천에 의해 남행외대南行外臺로 경상도도사가 되었다. 1895년(고종 32)에 왕명을 받들고 온 사신 이규진에게 "삭발은 임금의 참뜻이 아니리니, 머리는 바칠지언정 삭발은 할 수 없다" 하면서 눕자 어쩔 수 없이 돌아갔다는 일화가 유명하다. 1902년에 수직壽職으로 통정대부에 올라 비서원승秘書院丞에 임명되었다.

현재 중요민속자료 제82호로 지정된 하회마을 '북촌댁北村宅'을 지은 분이다. '학서鶴棲'라는 현판이 본채 사랑마루 위에, 그리고 '석호石湖'라는 현판이 별채 사랑마루 위에 게판되어 있다.

6) 류지영(1828~1896)

류지영柳芝榮의 자는 중옹仲翁, 호는 지산志山이다. 아버지는 류도봉柳道鳳이고 어머니는 오천정씨烏川鄭氏이다. 애운厓雲 류치목柳致睦의 손자이고, 서애 선생의 11대손이 된다. 아내는 여강이씨驪江李氏로 군수郡守 박상博祥의 딸이다.

    1857년(철종 8)에 정시 문과에 급제하여, 이듬해 승문원부정자에 임명되었다. 이어 통정대부通政大夫 병조참지兵曹參知를 거쳐 1861년(철종 12)에 승정원동부승지에 올랐다. 1862년(철종 13)부터 1867년(고종 4)까지 사간원대사간으로 있다가, 1868년(고종 5)에 안동대도호부사로 내려왔다. 1870년(고종 7)에 승정원좌부승지를 지냈고, 1884년(고종 21) 10월에 갑신정변이 일어나자 장석룡(이조참판) 등과 같이 영남지역에서 의병을 봉기할 것을 촉구하는 통문을 돌렸다. 통문에서 그는 당시 상황을 임진왜란보다 더 급박한 상황이라고 하였으며, 주적을 일본으로 인식하고 있었다. 이어 같은 해 12월에 승정원우부승지가 되었다. 1893년(고종 30)에 사간원대사간을 지내고, 이듬해 고향으로 내려왔다.

    현재 지산고택(경상북도지정 민속자료 제140호)에는 지산 선생의 오랜 관직생활을 보여 주는 많은 고서와 고문서, 유물이 전해 온다. 대표적인 것으로는 대원군 이하응의 간찰 3통, 낙파 류후조의 간찰 29통을 비롯하여 2700여 통의 간찰과 교지, 관복과 호패 등이 있다.

7) 류도발(1832~1910)

류도발柳道發의 자는 승수承叟, 호는 회은晦隱이며, 서애의 10대손이다. 경술국치를 당하자 안동 하회로 돌아와 머물러 있다가 9월에 종묘 위패 훼손 소식을 접한 뒤 "내 나이 80에 나라가 망하여 왜적들의 종이 되게 되었으니 그 욕됨이 이를 데 없도다. 하물며 세신世臣의 후예임에랴!"라고 하고서 혹한을 무릅쓰고 고향을 찾아 사당과 선영에 참배한 뒤 집으로 돌아와 17일 동안 단식하여 10월 26일 순국하였다. 그의 나이 79세 때의 일이다. 뒤이어 큰아들 하은霞隱 류신영柳臣榮(1883~1919)은 아버지의 순절과 고종의 죽음을 보고 3월 3일(음2.2) 음독 자결했다.

중년에 여러 번 이사를 하였고 만년에 의성군 비안면比安面 덕암리德巖里에 정착한 뒤 농사일도 하며 스스로를 '회은晦隱'이라 자칭했다. 이것은 '피세회장避世晦藏'의 뜻을 취함이었다.

1951년에 안동의 사림들이 사회장으로 치르고 하회 화산으로 이장하였으며, 진안의 이산사에 배향되었다. 1962년에 건국훈장독립장이 추서되었다. 1991년에 『회은유고晦隱遺稿』 4책이 발간되었다.

서애종가에서 충효의 의미에 대하여 확실하게 인식한 사람은 바로 류이좌이다. 그는 종가 사랑채에 게판되어 있는 현판을 보면서 이에 대한 구체적인 생각을 제시하기도 했다. 류이좌의 당호는 화경和敬이다. 이것이 충효를 체득하며 내재적으로 발전시킨 것이라 여겼기 때문이다. 이러한 생각에 기반을 두고 그는 '화和로써 어버이를 섬기면 그것이 효孝요, 경敬으로써 임금을 섬기면 그것이 바로 충忠'이라고 했다. 그러니까 화경을 충효로 나아가는 지름길로 생각한 것이다.

서애 이후에 다시 서애처럼 정승의 자리에 올라 국가 경영에 일익을 담당하였던 류후조, 처사적 삶을 살면서 평생 동안 학문과 제자 양성을 최대의 업으로 삼았던 류주목, 단발령에 강력하게 반발하였던 류도성, 경술국치를 당하자 단식으로 순국하였던 류도발. 우리는 이들 서애의 후손들에게서 무엇을 느끼는가. 바로 효의 사회적 발현이다. 충효의 기치를 높이 들고 사회를 향하여 선비의 공적인 임무를 주장했던 이들, 선비의 기개가 어떤 것인지를 그리고 선비가 세상을 위하여 무엇을 하여야 하는지를 몸으로 보여 주었던 대표적인 분들이라 하지 않을 수 없다.

懲毖錄

제7장 충효당과 서애의 자취들

1. 충효당에 새긴 뜻

　서애는 만년에 '나에게는 세 가지의 한(三恨)이 있노라'고 술회했다고 한다. 첫째는 '임금과 어버이의 은혜에 보답하지 못한 것', 둘째는 '벼슬이 지나치게 많고 높았으나 속히 관직에서 물러나지 못한 것', 셋째는 '도를 배우겠다(道學)는 뜻을 두었으나 이룩한 것이 없는 것'이 그것이다. 이 가운데 충효를 제대로 실천하지 못했음을 첫 번째로 꼽았으니 서애에게 충효는 그의 생애에 이룩해야 할 지상의 과제였음이 분명하다. 그러나 그 스스로 그것을 제대로 실천하지 못했다며 중요한 한으로 남기고 있으니, 철저한 자기 성찰을 하고 있는 셈이다.
　이처럼 서애는 첫 번째 한으로 충효를 꼽았다. 이 때문에 충효는 서애 가문의 대표적인 표지가 될 수 있었다. 서애가 이를 제대로 실천하지 못했다며 자손들에게 유훈으로 남겼고, 그 자손들은 종가를 충효당이라고 하면서 서애의 뜻을 받들었다. 그리고 사람들은 서애종가를 충효당종가라 불렀다. 서애가 유훈으로 남긴 시는 다음과 같다. 그가 66세 되던 해였다.

숲 속에 새 한 마리 쉬지 않고 우는데,	林間一鳥啼不息
문밖에 벌목 소리 정정하구나.	門外丁丁聞伐木
한 기운이 모였다 흩어지는 것도 우연이기에,	一氣聚散亦偶然
평생 부끄러운 일 많은 것이 한스러울 뿐.	只恨平生多愧怍
권하노니 자손들아 모름지기 삼가라.	勉爾子孫須愼旃
충효 밖의 사업은 따로 없도다.	忠孝之外無事業

서애는 앞의 두 행에서 숲 속에서 새들이 끊임없이 울고, 문밖에서 나무 베는 소리가 정정히 들린다고 했다. 숲 속의 새 울음이 자연의 일이라면 문밖의 나무 베는 소리는 인간의 일이다. 이 같은 자연과 인간의 일상도 알고 보면 하나의 기氣가 모였다가 흩어지는 것이니, 그 속에서 평생 동안 부끄러운 일을 하지 말아야겠다고 했다. 그러나 서애는 그렇지 못한 것을 성찰하고 있다. 이것이 가운데의 두 행이다. 시상의 전개를 이렇게 한 후 충효로 마무리했다. 충효는 바로 자기 성찰의 효과이자 가장 중요한 실

충효당 현판(출처: 영남문화연구원)

천 덕목이기 때문이다.

　서애가 시를 남겨 충효를 강조했으므로 서애의 증손 류의하柳宜河는 사랑채의 이름을 충효당이라 했다. 이로써 종가의 이름이 충효당이 된 것이다. 서애종가를 방문하면 바로 만나는 곳이 충효당인데, 글씨는 미수眉壽 허목許穆이 쓴 전서체다. 현재 보물 제414호로 지정되어 있다.

　충효당은 조선 중기에 지은 건물로 서애의 장자長子 여柟가 임진왜란 후 재건한 것을 증손인 병조판서 의하가 확장 중수하였다고 한다. 먼저 외관을 살펴보면, 충효당은 묘좌유향卯坐酉向(동쪽에서 서쪽을 향하여 앉은 자리)의 총 52칸 규모이다. 전면에 줄행랑채를 두고 안쪽으로 'ㅡ'자 모양의 사랑채와 'ㅁ'자 모양의 안채를 연이어 건축하였다. 행랑채에 달린 솟을대문을 들어서면 사랑채 대청 앞에 마주서게 된다. 이 사랑채는 정면 6칸, 측면 2칸의 크기로, 대청 정면과 측면에는 난간이 있는 툇마루가 있다. 기둥은 원주圓柱를 세웠으나 내부와 방에는 방주方柱를 사용하였다.

사랑채 온돌방 옆에 대문간이 있어서 여기를 통과하여 안채로 들어가게 된다. 안채는 중정中庭을 둘러싸고 'ㅁ'자형의 평면으로 배열하였는데, 동북쪽에 부엌을 두고 'ㄱ'자로 꺾여서 안방·대청·건넌방을 두었다. 건넌방은 사랑채와 연결되어 있으며, 앞에는 마루와 두 칸의 온돌방과 부엌이 있다. 부엌 앞에는 찬방·고방·헛간이 있고 중문간 행랑채와 연속되어 있다.

가장 안쪽에 있는 내당은 대청과 방 앞에 툇간(退間)이 있으며 높은 원주를 세우고 그 위에는 2익공(二翼工) 계통의 공포栱包를 배치하였다. 사당은 사랑채 동쪽의 따로 쌓은 담장 속에 건축되어 있다.

충효당의 기문은 셋이다. 노주蘆洲 김태일金兌一이 쓴 것과 밀암密菴 이재李栽가 쓴 것, 그리고 식산息山 이만부李萬敷가 쓴 것이 그것이다. 이들이 모두 17세기 후반에서 18세기 초반까지 활동했던 사람들이니 「충효당기」는 거의 같은 시기에 쓰였다는 사실을 확인할 수 있다. 이들의 기문은 나름대로 특색이 있고 현재 식산의 「충효당기」가 종가에 걸려 있지만, 퇴계의 정맥으로 알려진 밀암의 「충효당기」가 서애의 충효정신을 가장 적실하게 표현한 것으로 보인다. 따라서 여기서는 이 기문을 중심으로 그 대강을 살펴보고자 한다.

밀암은 「충효당기」의 들머리에서, 하늘이 내린 핵심이 사물의 법칙이 된다고 하면서 인간의 일상생활에 스며들어 가장 중요하게 발현된 것이 바로 충효라고 했다. 하늘의 원리가 인간의 의식과 윤리를 지배한다는 생각은 성리학자들에게 일반적으로 있어 왔던 바인데, 밀암 역시 이러한 생각에 의지하여 「충효당기」의 첫머리를 장식하였던 것이다. 그리고 충과 효는 불가분의 관계를 맺고 있다고 판단하여 다음과 같이 말했다.

> 이른바 효라는 것은 덕의 근본이며 행동의 원천으로, 가르침이 이로 말미암아 생기는 것이다. 이 때문에 『대학』의 전문傳文에서 "효라는 것은 임금을 섬기는 까닭"이라고 하였던 것이다. 또 말하기를 아버지 섬김을 바탕으로 하여 임금을 섬기니 그 공경이 같기 때문이다. 진실로 충효는 두 가지가 아닌 지극한 덕이며 긴요한 도이다. 이를 버리고 마땅히 먼저 할 것이 없나니 군자의 사업에 있어 또 무엇을 여기에 더하겠는가?

어버이 섬김을 기반으로 해서 임금을 섬긴다는 것은 종적인 전통사회의 질서의식 속에 항상 있어 온 이야기다. 그러나 그 이면에는 위에서 늙은이를 늙은이로 섬기면 백성이 효에서 일어나고, 위에서 어른을 어른으로 모시면 백성이 공경에서 일어난다는 생각이 잠복해 있음은 물론이다. 여기서는 다만 신민의 입장에서 '경敬'을 이야기했을 따름이다. 밀암은 먼저 충효에 대한 일반론을 제시하고 곧이어 서애의 경우로 한정하여 다음과 같이 말을 이었다.

> 옛날 우리 문충공 서애 선생께서는 문과 무, 충과 효의 행실이 한 시대를 가득 채워 원망하고 미워하는 사람이 없었으며, 지위는 신하의 으뜸이었으나 평온한 시절이나 어려운 시절이 한결같으셨다. 성대한 덕과 위대한 사업이 참으로 백세의 스승이시니, 병환으로 돌아가실 즈음에도 오히려 충효 이외에는 사업이 없다는 부지런한 뜻을 시로써 드러내어 후인들을 깨우치셨다.
> 아! 후세를 위하여 계책을 내린 것이 무엇이 이보다 성대하겠는가? 그 집안의 자손들이 대대로 지키고 공경히 기억하여 삼세를 지나 익찬공翊贊公에 이르기까지 능히 남은 법도를 지킬 수 있어서 더욱 정성을 다하여 게으르지 않았다. 저번에 그 옛 집을 고쳐서 새로 지어 그 당에 '충효'라 편액하였으니, 군자가 어진 이를 친하게 여기고 몰세沒世토록 잊지 않으려는 생각을 깃들게 할 수 있으니, 전열前烈을 더욱 빛나게 하는 뜻이 있도다.

위의 글에서 우리는 충효가 서애종가를 지키는 최고의 이념임을 감지한다. 서애가 '충효 이외에는 다른 사업이 없다'며 그 자제들에게 충효를 특별히 강조하였고, 증손 익찬공 류의하는 이에 바탕을 두어 집을 짓고 편액하였으니, 충효가 서애종가의 전심가법傳心家法임을 알 수 있다. 이러한 표방은 그 손자의 손자에게로 이어져 오늘에 이르고 있으니, 서애가 전한 충효전심忠孝傳心은 그야말로 몰세토록 잊지 않았다고 하겠다.

그동안 서애 종손들은 들어가고 나갈 때마다 그 '충효'를 보았다. 이로써 무엇이 충이며 무엇이 효인가를 깊이 인식했을 터이다. 때로는 성리학을 깊이 연구하면서 진리의 마음인 도심道心과 결합되기도 하고, 때로는 사회적 응전력을 기르며 나라를 위한 충심忠心으로 나타나기도 했다. 그리고 때로는 가문의 번성과 가정의 화평을 강조하는 효심孝心으로 발현되기도 했다. 충효가 도심으로 확장될 수 있으므로 밀암은 이렇게 말할 수 있었다.

> 비록 그러하나 이른바 효라는 것이 어찌 음식을 올리고 수고로움을 대신하는 것만을 말하며, 충이 어찌 임금을 섬김에 비위를 맞추는 것만을 말하겠는가? 낮은 단계로 말하자면 어버이의 자리를 보살피고 거소居所를 청소하며 임금의 명을 받아 신발 신기를 기다리지 않는 것이지만, 높은 단계로 말하자면 이른바 신명과 통함이 있는 것이니 성인도 능하지 못한 바가

있었다.

선비들이 세상에 몸을 세우고 도를 실천하여 현세와 후세에 이름을 드러내려는 자는 반드시 먼저 학문을 통해 마음을 밝히고, 이로써 마땅히 머물러야 할 바에서 머무르기를 구하여야 한다. 이렇게 한 후에 비로소 진정한 충과 진실된 효를 할 수가 있으며, 이것을 미루어 나아가면 본성을 다하고 천명을 아는 데까지 이르게 되니, 조금 전에 말한 이른바 "신명과 통함이 있는 것이니 성인도 능하지 못한 바가 있다"라고 하는 것이다. 어찌 이것을 제외하고 다른 것을 구하겠는가?

밀암은 효와 충을 낮은 단계와 높은 단계로 나누어 말하고 있다. 즉 낮은 단계의 효는 음식물을 올리거나 수고로움을 대신하거나 청소하고 잠자리를 보아 드리는 것이며, 충은 임금의 마음을 거스르지 않고 『예기』에서 "조정 안에 있을 때는 신발 신기를 기다리지 아니하고, 궁궐 밖에 있을 때는 수레를 기다리지 않는다"고 하였듯이 신속히 명령을 수행하는 것이다. 그러나 이것이 서애가 자손들에게 내린 유훈의 전부가 아니라고 밀암은 보았다. 높은 단계의 충효가 있기 때문이다.

높은 단계의 충효는 학문을 통해 구현된다고 보았다. 이것은 무엇이 충이고 무엇이 효인지를 분명히 아는 일부터 시작된다. "머물러야 할 바에 머무르기를 구하여야 한다"는 언표는 바로 이것을 말한 것이다. 사고와 행동의 정확한 지표의 설정이야 말로 궁리를 통하지 않고는 불가능하다. 궁리가 밝은 마음과 정확한 시각을 가져오므로 밀암은 이것을 급선무로 여겼다. 따라서 충효는 결국 본성을 다하고 천명을 알아 신명과 통하는 데까지 나아가게 된다는 것이다. 성인도 능하지 못한 것이라며 끊임없는 노력을 강조하였다.

　밀암은 서애가 전한 충효의 본지本旨를 찾아냈다고 할 만하다. 그것은 단순하되 심오하고, 심오하되 단순하다. 신명과 통하지만 그것은 일상사를 벗어나지 않고, 일상사 안에 있지만 신명과 통할 수 있기 때문이다. 충효는 임금을 섬기고 어버이를 받드는 것에서 시작하지만 그것은 하늘의 정체晶體와 통하는 것이다. 이 때문에 성인도 능치 못한 부분이 있었다고 말한 것이다.

　충효! 이것을 봉건의 잔재로 섣불리 비판하는 사람이 있을지도 모른다. 그러나 우리 내면의 형형한 빛은 이로써 빛날 수 있다고 볼 때, 비판의 그물코가 너무나 엉성하다. 충효는 밖으로 구체적인 사람과 관련된 것이지만 그것은 안으로 하늘과 닿아 있고, 처음인가 하면 마지막이다. 그 마지막은 다시 시작되어 인간의 윤리체계로 정립되어 질서를 획득하고, 천리의 유행 속에서 자유롭다. 충효는 이처럼 인간 윤리의 안과 밖이며 처음이자 끝이었던 것이다.

　서애종가 충효당! 그 현판 아래로 수많은 사람들이 들고 났을 것이다. 그때마다 사람들은 충효에 대하여 때로는 작게 생각하고 때로는 크게 생각했을 것이며, 때로는 낮게 생각하고 때로는 높게 생각했을 것이다. 그러나 잊지 않았을 것이다. 서애가 유훈으로 남기고, 후손이 현판에 새겨 높이 단 그 뜻을, 사람의 길은 충효 밖에 다른 무엇이 없다는 그 뜻을 말이다.

서애의 원지정사와 연좌루(출처: 영남문화연구원)

2. 서애의 자취들

1) 원지정사와 연좌루〈중요민속자료 제85호〉

서애 선생이 부친상을 당하여 잠시 조정에서 물러나 있을 때 지은 건물들로 1573년(선조 6)에 세워졌다고 전해진다. 하회마을 북쪽의 화천과 부용대를 감상할 수 있도록 북쪽을 향하여 정사와 누정이 자리 잡고 있다.

원지정사는 '一'자형 평면 구조의 맞배지붕 집으로, 정면 3칸, 측면 1칸 반 규모이다. 북향한 평면의 동쪽 끝에 1칸의 대청을 두고 나머지 2칸은 온돌방을 두었는데, 방 사이는 장지로 나누었다. 앞쪽으로는 반 칸짜리 툇마루를 두었다.

구조는 어느 정도 다듬은 막돌 쌓기 기단 위에 막돌 초석을 놓고 방주를 세웠으며 정면에 두리기둥 4개를 세웠다. 납도리에 5량 가구의 홑처마 구조로 양측 박공에는 풍판을 달았다.

정사의 서쪽으로는 누정인 '연좌루'가 자리하고 있다. 정면 2칸, 측면 2칸 크기로 팔작지붕집이다. 계자난간을 두른 누마루에 오르면 강가의 소나무 숲과 화천 건너편에 있는 부용대芙蓉臺와 옥연정사玉淵精舍(중요민속자료 제88호) 일대가 한눈에 들어온다.

장대석을 기단부로 하여 막돌 초석을 놓고 1층은 다각기둥, 2층은 두리기둥을 세웠는데, 2층에는 중앙기둥을 없애 넓은 공간이 되도록 하였다. 기둥 윗몸에 주두를 놓은 다음 쇠서를 내고, 다시 주두 위에 걸친 보머리를 쇠서모양으로 하여 마치 2익공처럼 꾸며 놓은 5량 가구의 홑처마 구조이다. 팔작지붕과 추녀 끝의 곡선이 제비를 닮았다 하여 연좌루燕座樓라고 부른다.

특히 원지정사遠志精舍는 서애 선생이 관직에서 물러난 후 정양靜養을 위해 자주 은거했던 곳으로 매우 뜻깊은 장소이다. '원지遠志'라는 이름은 "처즉위원지處卽爲遠志, 출즉위소초出卽爲小草"라는 고사에서 따온 것이다.

2) 옥연정사〈중요민속자료 제88호〉

1586년(선조 19) 화천花川 건너 부용대 기슭에 세운 건물이다.

하회 옥연정사(출처: 영남문화연구원)

서애 선생은 학문 연구와 후진 양성을 위해 작은 서당을 세우고자 하였으나 가세가 빈곤하여 걱정하던 중 탄홍誕弘 스님이 10년 동안 곡식과 포목을 시주하여 완공하였다고 한다.

문간채와 바깥채 그리고 안채와 별당까지 두루 갖추고 있다. 화천은 마을을 시계 방향으로 휘감아 돌다가 반대 방향으로 바꾸는 옥소玉沼의 남쪽에 있다. 소의 맑고 푸른 물빛을 따서 옥연정사라고 부른다.

문간채는 왼쪽 남쪽부터 차례로 측간과 대문을 두고 대문 오른쪽에 광을 3칸이나 둔 'ㅡ'자형이다. 바깥채는 정면 4칸, 측면

서애의 묘소(출처: 영남문화연구원)

2칸의 건물로, 정사각형의 4칸짜리 대청의 오른쪽·왼쪽으로 1칸 반의 방을 두어 대칭을 이루고 있다.
　안채는 8칸 겹집 형식으로 부엌이 중앙에 있고 방이 부엌을 중심으로 가로세로 2칸씩 좌우에 배치되어 있다. 별당은 바깥채와 안채 사이에 있는데 앞면 3칸 옆면 2칸으로 서쪽 모서리에 2칸 반의 방이 하나 있고 나머지는 마루로 되어 있다.

3) 묘소

　서애 선생의 묘소는 하회마을 인근 풍산읍 수동에 있다. 묘소에는 '영의정문충공서애류선생지묘領議政文忠公西厓柳先生之墓'라는 묘전비만 있고 신도비는 유명遺命으로 인해 세우지 않았다. 정경부인貞敬夫人 전주이씨가 부장附葬되었다.

비문은 손자 졸재 류원지가 짓고, 글씨는 외6대손 대산大山 이상정李象靖이 썼다.

재실齋室인 수동재사壽洞齋舍는 규모가 상당한데, 묘소가 있는 곳에서 고개 하나를 넘어 자리하고 있다. 원래 재사 가까이 묘소가 있었으나 졸재가 장성하여 이곳에 터를 잡아 이장하였다고 한다.

4) 풍산류씨수동재사〈경북민속자료 제127호〉

경상북도 안동시 풍산읍 수리에 자리하고 있다. 이 재사齋舍는 원래 서애 선생의 묘를 지키고 제사를 지내기 위해 지은 재실이다.

서애 선생의 아들 류초柳初가 지은『유천선생유고柳川先生遺稿』의「상로재기霜露齋記」에 의하면, 서애 서세逝世 후 5년이 되는 1611년(광해군 3)에 승려 보우甫右의 도움으로 재사를 짓고, '상로재'라는 현판을 달았다고 한다. 그 이후 여러 차례 중수를 했을 것으로 추측되며, 묘소는 손자인 졸재 류원지에 의해 이장移葬되고 그 자리에는 원지의 셋째 아들인 만하萬河의 묘가 조성되었다.

풍산류씨수동재사(출처: 영남문화연구원)

    재사는 정면 8칸, 측면 7칸 규모의 홑처마 'ㅁ'자형 서산각 지붕집이다. 1600년대 초반에 2칸으로 지었던 것을 1600년대 중반에 지금과 같은 규모로 증축했다고 전해진다. 전체적으로 19세기 전후의 건축양식을 지니고 있는 재사 건물로 옛 양식을 잘 보존하고 있다. 수동재사는 현재까지도 재실로서의 기능을 수행하고 있다.

    북쪽 건물채의 마루에는 두 개의 현판이 걸려 있다. '상로재霜露齋'라고 쓴 큰 글씨의 현판과 '상로재기霜露齋記' 편액이다.

5) 영모각

충효당 사랑채를 오른편으로 돌아가면 서애 선생의 유물을 보존하고 있는 영모각이 있다.

영모각은 1965년 유물을 일반인에게 공개하도록 한 대통령령에 따라 국가 보조금을 지원 받아 지어졌으며, 1966년 6월에 개관하였다. 그러나 처음에는 서양식으로 건축되어 하회마을의 경관과 어울리지 않을 뿐 아니라 규모도 작았다. 1977년 6월에 지금의 건물로 다시 지었다.

57평 규모의 영모각에는 국보 제132호 『징비록』을 비롯하여, 보물 제160호 『군문등록軍門謄錄』 외 25종류, 보물 제460호 『서애선생필첩西厓先生筆帖』 외 34종류 등 스무 점이 넘는 중요 유물들과 교지敎旨, 문헌들이 다수 보관 전시되고 있다.

영모각에 소장되어 있는 유물들은 본래 영모각 맞은편 사당의 궤 안에 보관되어 있었다. 궤의 자물쇠는 특이한데 열쇠 3개를 동시에 꽂아야 열 수 있게 만들어졌다. 종손이 1개, 유사 2명이 각 1개씩 소유하였으며, 3인의 합의 아래에서만 열 수 있었다고 한다.

그토록 엄중한 보관제도 때문에 오늘까지 귀중한 보물로 남게 되었는데, 그 궤와 자물쇠 또한 영모각에서 확인할 수 있다.

6) 영모각의 유물들

현재 영모각에는 국보 제132호 『징비록』을 비롯하여 보물로 지정된 류성룡종손가 문적과 유물이 전시되어 있다. 또한 필첩・영의정임명교지・「도체찰사교서都體察使敎書」・선조 친필 「밀부유서密符諭書」・「광국공신교서」 등 서애와 그 후손들의 각종 유물과 문서가 보관되어 있다.

영모각에서 전시 중인 자료 가운데 관람객의 눈길을 사로잡는 것은 단연 『징비록』이다. 필사본 『징비록』은 16권 7책으로, 1647년(인조 25) 당시 경상도관찰사 조수익이 간행하였다. 또한 이것은 1695년(숙종 21) 일본 교토 야마토야에서도 간행되었으며, 1712년에는 조정에서 『징비록』의 일본 유출을 금할 정도로 귀중한 사료로 평가 받았다.

또한 류성룡종손가 문적 11종 22점은 1963년 1월 21일에 보물 제160호로 일괄 지정되었다. 그 가운데 『진사록』은 임진년(1592)의 '진辰'과 계사년(1593)의 '사巳'를 따서 명명한 것으로 모두 3책이다. 1592년에서 1593년까지의 일을 주로 기록하고 있으며, 추가로 그 후의 내용도 일부 포함하고 있다. 서애 선생이 직접 작성한 것은 아니지만 일일이 교감하였다. 『서애집』에도 「진사록」이 실려 있는데 그것은 원본 『진사록』에서 추려낸 것이다.

『난후잡록』은 서애 선생이 임진왜란 이후의 일들을 기록한 것이다. 일부는 『징비록』 말미의 「녹후잡기」와 대동소이하며, 뒷부분에는 서애가 발췌한 인물에 대한 평전과 문집의 목록, 국조명신의 명단 등이 수록되어 있다.

『근폭집』은 임진왜란 당시 선조에게 올린 차자와 계사의 사본을 편찬한 책이다. '근폭芹曝'은 『열자』 「양주」편의 고사를 따온 것으로, 전원에 있으면서 충군애국하는 충정을 표현한 것이다.

『중흥헌근中興獻芹』은 1책으로, 『징비록』의 일부를 간추려 복사본으로 간행한 것이다. 『군문등록』은 1책으로 서애 선생이 사도도체찰사四道都體察使로 있을 때 국왕에게 올린 계사와 각 군문에 시달했던 공문을 모아 엮은 것이다. 서문에 의하면 1595년 10월부터 1596년 12월까지의 문서를 청리廳吏 방수方秀에게 만들게 했다고 한다.

『정원전교政院傳敎』는 2책으로, 승정원에서 서애 선생에게 내린 국왕의 명령을 전한 문서를 모은 책이다. 임진왜란과 정유재란 당시 전달된 문서와 관직을 떠난 뒤에 전달된 문서를 모았으며, 유서 1건과 교서 78건이 수록되어 있다.

『정조어제당장서화첩제문부채제공발正祖御製唐將書畵帖題文附蔡濟恭跋』은 2책으로, 1794년(정조 18) 임진왜란에 참여했던 명나라 장군들이 남긴 서화첩書畵帖에 정조가 제문題文을 첨가한 것이다. 말미에는 채제공蔡濟恭(1720~1799)의 발문이 붙어 있다. 1794년(정조 18) 4월 서애 선생의 가묘에 치제할 당시 정조가 승지 이익운을

시켜 이를 가져오게 하여 열람하고 「제문충공류성룡가장황조제장서화첩題文忠公柳成龍家藏皇朝諸將書畵帖」이라는 글을 지었다. 그리고 채제공에게 발문을 짓게 한 뒤 별첩別帖으로 꾸며 종가에 보내왔던 것이다.

『당장시화첩唐將詩畵帖』은 1책으로, 임진왜란에 참여했던 명나라 장군들의 시화를 첩으로 묶은 것이다. 『당장서첩唐將書帖』은 2책으로, 임진왜란에 참여했던 명나라 장군들의 편지를 묶은 것이다.

「류성룡비망기입대통력柳成龍備忘記入大統曆」은 관상감觀象監에서 발간한 명의 책력册曆인 『대통력大統曆』 5책에다가 서애 선생이 1594년(갑오년)·1596년(병신년)·1597년(정유년)·1604년(갑신년)·1606년(병오년)의 중요한 일들을 기록한 것이다. 특히 정유년과 병오년의 것은 처방전과 병세를 기록한 부분이 많고, 병오년의 내용에는 병후일기病後日記라고 이름 붙인 것이 있다. 또한 「호성공신녹훈교서扈聖功臣錄勳敎書」는 1604년(선조 37) 10월 서애 선생이 호성공신扈聖功臣 2등으로 책봉될 때 받은 교서이다.

영모각에는 보물로 지정된 것 이외에도 많은 기록물이 있다.

「모부인분재기母夫人分財記」는 서애 선생의 모친 김씨가 자녀들에게 재산을 나누어 주면서 작성한 문서이다. 크기는 가로 362cm, 세로 67.2cm로 한지 두루마리에 행서로 쓰여 있는데 앞부분은 충해로 심한 손상을 입었다. 마지막 부분에는 재주財主인 김씨의 방형묵인方形墨印과 문서 작성에 참여하였던 중인 및 필집筆執의 이름과 수결手決이 있다.

그리고 서애 선생의 오랜 관직생활을 보여 주는 녹권錄券과 교지敎旨들이 있다. 이 문서들은 공신녹권을 비롯하여 관직·관작·시호·노비 등을 받을 당시에 내려진 것이다. 총 10매이며, 그중「광국공신녹권光國功臣錄券」(1590. 8)에는 서애 선생이 3등으로 기록되어 있고, 글씨는 한석봉의 것으로 비단에 붉은 줄을 치고 해서체로 썼다.

이 외에「도체찰사교지都體察使敎旨」(1592. 12. 23),「영의정교지領議政敎旨」(1592. 5. 2),「판중추부사교지判中樞府事敎旨」(1593. 2. 24),「정경부인교지貞敬夫人敎旨」(1596. 10. 9),「풍원부원군교지豊原府院君敎旨」(1603. 10. 7),「호성공신교지扈聖功臣敎旨」(1604. 10),「노비하사교지奴婢下賜敎旨」(1606, 1638),「광국공신녹패光國功臣祿牌」(1605, 1606),「문충공시호교지文忠公諡號敎旨」(1627. 7. 10) 등 9매가 있다.

「불윤비답不允批答」3매는 서애 선생이 1596년 9월, 1598년 2월, 1600년 11월에 관직을 사퇴하고자 올린 상소에 대해 국왕이 허락하지 않았음을 보여 주는 문서이다. 또한 제문祭文 가운데 주목할 만한 것은 1607년 6월 8일에 선조와 광해군이 각각 내린 제문과 1794년 4월 1일에 정조가 내린 제문이다. 정조의 제문은 화성을 조성할 때 서애의 축성 방략을 보고 감동하여 내린 것이다.

이 외에도 서애 선생이 사용하던 진기한 물품들이 전시되어 있다. 대표적으로 갑옷과 투구, 가죽신, 상아홀, 갓끈, 관자, 유서통,「동국지도서애선생수택본」 등이 있다.

갑옷과 투구는 높이 24㎝, 둘레 63.5㎝, 지름 20.5㎝로, 형태는 크고 작은 네 조각의 철편을 가죽 끈으로 연결한 것이다. 위는 좁고 아래로 퍼진 모양으로 앞쪽의 반월형 해가리개는 남아 있으나 뒤쪽의 목가리개는 흔적이 없다. 갑옷은 가죽 조각을 연결하여 만들었기 때문에 많이 손상되어 현재는 일부만 남아 있다.

가죽신은 두꺼운 가죽을 측면에 대고 바닥을 2중으로 꿰맨 것이다. 홀은 관직에 있는 관료가 관복을 입을 때 손에 쥐는 장식물로, 영모각에 전시된 상아홀은 4품 이상이 사용하던 것이다. 갓끈은 4종이 있는데 호박琥珀(길이 86㎝), 골제骨製(85.5㎝), 오칠목제烏漆木製(84㎝), 밀화蜜花(84㎝) 등으로 만들었다. 관자란 망건에 달아 당줄을 걸어 넘기는 구실을 하는 작은 고리로 권자圈子라고도 하는데, 영모각에는 금관자(지름 1.7㎝) 1개와 옥관자 6개가 있다.

유서통諭書筒은 조선시대 군사권을 가진 관원이 국왕으로부터 받은 명령서인 유서를 넣어 가지고 다니던 통이다. 전시된 유서통은 대나무 마디 하나를 이용하여 만든 것으로, 길이 48.4㎝, 지름 8.6㎝이다. 양 끝에는 장식을 박고 끈을 달았으며, 중심은 타원형으로 오려 내어 자물쇠를 달았다. 또한「동국지도서애선생수택본東國地圖西厓先生手澤本」은 서애 선생이 휴대하고 다니던 지도로 한지에 담채로 그려져 있으며, 크기는 세로 36㎝, 가로 61㎝이다.

(왼쪽) 서애 류성룡이 임진왜란 때 입었던 갑옷
(오른쪽) 투구

(위) 가죽신

(아래) 유서통

출처: 하회마을 관리사무소

懲毖錄

제8장 종손 되기와 종부 되기

1. 서애의 14대 종손 류영하

종손과 종부는 예사 사람들과 다르다. 예사 사람이 자신의 일에 열중한다면, 종손과 종부는 가문을 위한 공적인 삶을 살아가기 때문이다. 이러한 삶은 선조에 대한 특별한 예경禮敬과 함께 자신의 삶에 대한 자부심 없이는 불가능한 것이다. 그러니까 종손과 종부는 그냥 되는 것이 아니라, 특별한 무엇이 필요하다는 것이다. 필자가 만난 서애의 종손과 종부도 그러한 분이었다.

서애의 14대 종손 류영하柳寧夏(1927년생)는 조용하면서도 기품을 지니고 있다. 아마도 서애의 기품을 이어받았기 때문이리라. 그 기품은 권위와 맞물린다. 이 때문에 사람들이 경상감사보다 서애 종손이 되고 싶다고 했던 모양이다. 사랑방에서 흔히 하는

서애종가 종손 류영하(출처: 영남문화연구원)

이야기이다.

　서애 종손 류영하는 하회에서 태어나 취학을 하기 전에 우복愚伏 정경세鄭經世 종가의 종녀였던 어머니 진양정씨를 여읜다. 진양정씨는 생전에 8남매를 낳아 6남매를 잃은 비운의 여인이기도 하다. 종손은 10세 때 새어머니인 무안박씨를 만난다. 이렇게 보면 그는 거의 무안박씨의 훈도 속에 어린 시절을 보냈다 하겠다.

　마을에 있는 심상소학교를 다니다가 서울의 덕수소학교로 전학을 해서 졸업을 하고, 중앙고보를 거쳐 세브란스 의학전문학교에 입학한다. 22세인 예과 2학년 때 경주의 최부잣집으로 장가를 들었고, 의학전문학교를 수료한 뒤 다시 성균관대 생물학과에 편입해 학부와 대학원 과정을 마친 후 교편을 잡는다. 처음에는 동인천여상에, 다음으로 서울의 동덕여고에서 교편을 잡았다. 이렇게 시작한 교직생활이 20여 년이나 된다.

류영하가 낙향을 하여 종가를 지키게 된 것은 부친 류시영柳時永(1901년생)이 별세한 후다. 초상을 마친 뒤 서울 생활을 접고 내려왔는데, 1972년의 일이다. 종손에 대한 책무를 느꼈기 때문이라 할 것이다. 이로부터 류영하는 서애 종손으로서 하회의 중심에 서서 문중을 아우르는 한편, 다양한 유림활동을 하며 하회의 위상을 강화해 나갔다. 이렇게 40여 년을 세월을 보냈다.

종가를 지키면서 그는 어떻게 하면 가문의 이기주의를 넘어 선조를 바르게 모시며 세상에 알릴 것인가를 고민하였다. 이 과정에서 서애 유허비 건립, 서애 선생 탄신 400주년 등의 행사를 치른다. 특히 오랫동안 종가에서 보관해 왔던 고문서와 목판 등을 국학진흥원에 기탁한 것은 매우 중요한 의미가 있다. 그 결정이 쉬운 것은 아니었음이 분명하다. 그러나 서애와 관련한 모든 자료를 세상에 공개함으로써 선조의 사상을 객관적으로 연구하는 데 커다란 도움이 되게 했다.

서애종가에도 다양한 시련이 있었다. 류영하는 가장 먼저 경제적인 어려움을 들었다. 경북대 영남문화연구원 종가연구팀에서 제공한 녹취 기록에 이 부분이 잘 드러난다. 어느 종가나 많은 제사 등으로 경제적인 어려움을 겪지만 서애종가는 특별한 부분이 있다. 종손의 육성으로 들어 보기로 한다. 꺾은 괄호 속은 질문자의 목소리다.

> 나는 처음에 당가當家해서 아주 곤란했어. 선고先考께서 국회의원 몇 번 나오니까 우리 집으로 내려오는 종가를 이루는 유산을 하나도 없이 싹 다 없애 버렸어.
> 〈선장先丈 계실 때는 가세가 괜찮았습니까?〉
> 아니지. 선고 때 다 없앴어.
> 〈선장이 가업을 받으실 때는 괜찮으셨습니까?〉
> 으…… 선고께서는 가산을 받고 하고 뭐가 없었어. 할배 돌아가시고 얼마 안 돼서 돌아가셨는데, 그때부터 하마 곤란하셨지. 가세가. 아이들 공부시켜야 되지. 곤란하셨어. 지금 생각하니까 차말로 고생하셨구나. 특히 어매가 고생 마이 하셨구나. 그래도 아이들 대학 다 시키고 취직 다 시키고 했으니까.

류영하의 부친이자 서애의 13대 종손 류시영은 두 차례 국회의원에 출마한다. 그때마다 많은 사람들이 종손 주변에 모여들었고, 또한 가산이 거의 탕진되고 말았다. 이것은 지금의 종손에게 아픈 기억으로 남아 있었다. 영남지방의 종손 가운데 좀 더 큰 공적인 삶을 위하여 정치에 관심을 갖게 되는 경우가 더러 있는

데, 서애 종손 역시 그러했다. 정치에 대한 관심이 재산의 탕진이라는 결과를 초래했다. 이 때문에 그 아랫대는 이에 대한 회복에 매진하지 않을 수 없었다. 류영하는 바로 그 지점에 서 있었던 것이다.

> 〈청백은 원래 이 댁의 가풍이 아니겠습니까마는 그래도 서애 선생 후대로 내려오면서 묘답墓畓 하고 가세가 넉넉할 때도 있었을 텐데요?〉
> 지금도 있지. 지금도 있는데 돈은 안 돼. 돈은 안 되고 묘사 지내는 그만치도 안 돼. 그냥 있을 따름이지. 지금도 뭐 네 군에 걸쳐 가지고 묘가 있고, 재궁齋宮 있는 데도 있고, 뭐 재궁 관리하니까 그 저게 위토位土도 있고 한데, 위토 그냥 저들이 해묵지, 줄라 카면 생각도 안 해. 겨우 벌초해 주면 그게 장하지.

위의 이야기 속에 사실 영남의 많은 종가들의 현재 상황이 보인다. 종가로 내려오는 묘답이나 위토가 있기 마련이다. 이들 토지는 소출을 제향의 비용으로 쓰기 위하여 설정한 것인데, 현재는 이 땅에서 농사를 지어 제향의 비용으로 쓰는 경우가 극히 드물 뿐만 아니라, 있다고 하더라도 벌초 정도에 그친다. 이러한 사정이 서애종가의 경우도 마찬가지라는 사실이 위의 구술 속에서 자연스럽게 드러난다.

지난 2007년에 '서애 류성룡 선생 서세 400주년 추모제전'이 열렸다. 종손은 열과 성을 다해서 이 일을 주도했고 성공적으로 행사를 마쳤다. 그러나 이것을 단순하게 조상숭배정신을 바탕으로 한 친목의 차원에서만 머무르지 않게 했다. 학술대회와 관련 전시회 등을 개최하여 종손의 사회적 책무를 다했다. 그가 안동독립운동기념사업회 및 퇴계 선생 제자 후손 모임인 도운회陶雲會 등에 참여하여 적극적으로 일을 한 것도 같은 맥락에서 이해할 수 있다.

2. 서애 종부 박필술과 최소희

　　종손이 바깥일로 바쁠 때, 그 종가를 실질적으로 지키는 것은 전적으로 종부의 몫이다. 류시영의 아내이자 류영하의 어머니인 서애의 13대 종부 박필술이 바로 이 경우에 해당한다. 종손의 말에 의하면, 어머니 박필술은 어려운 종가를 맡아 무던히 애쓰며 사셨다고 한다. 1917년에 5남매 중 막내로 태어났는데, 20세에 후처 자리를 마다하지 않고 서애종가에 시집오게 되었다. 1991년에 출판된 『명가의 내훈』에서는 서애의 13대 종부 박필술의 육성을 이렇게 전하고 있다.

　　　사람은 편한 것이 제일이지. 자식이고 부모고 서로 조금씩 양보해서 화평하게 살아가면 그게 바로 행복이다. 나물 먹고 물 마셔도 마음 편하면 그게 행복이다. 아무리 고관대작이라도 불만을 가진 사람이라면 행복을 느끼지 못한다. 행복의 기준을 어디에 두느냐. "이만해도 만족하다." 그렇게 생각하면 그 사람은 행복할 것이다. 그리 길지 않은 세상 화평하게, 구수하게 부모 먼저 보내고 나 또한 화평하게 자식 거느리다 자식에게 넘겨주고 간다면 그 또한 행복한 삶이다.

박필술의 행복론인 셈이다. 박필술은 여기서 큰 가정을 맡아 살면서 가장 중요한 것이 무엇인지를 분명하게 말했다. 바로 양보를 기반으로 한 화평이 그것이다. 화평, 즉 돈목敦睦이야말로 종가의 지상과제가 아닐 수 없다. 종가의 발전도 이를 위해 있다고 해도 과언이 아니다. 박필술은 이를 분명히 자각하면서, 그것은 양보를 통해 꽃피운다고 보았다. 그리고 다시 만족을 제시하여 양보할 수 있는 자기 수양이 필요하다는 마음도 전했다.

박필술의 며느리이자 서애의 14대 종부 최소희는 1929년생이다. 경주 최부잣집의 둘째 딸로 20세에 조부의 결정에 의해 서애종가로 시집왔다고 한다. 최소희가 시집올 당시는 서애종가가 매우 어려웠다. 앞서 종손의 이야기 속에서도 드러났던 바다. 종부가 어려운 살림을 극복하게 한 '가르침'이 있었다. 바로 어릴 때부터 종부에게 많은 영향을 준 '조모'였다. 종부의 이야기를 구체적으로 들어 보자.

> 옛날에는 여도 어려웠어요. 어렵고 그 할 때는 엄마 생각 절로 나지.
> 〈어머니 모습 중에 특히 기억나셨던 것은 무엇인지요?〉
> 기억나는 거는 우리는 친정에 자라도 어머니 밑에서 이래 다정한 그거를 못 받았어요. 우리 어머니는 만석꾼 맏며느리로서 자녀에 대한 따뜻한 정은 우리는 못 느끼고 살았어요.
> 〈어머님이 엄하셨나봅니다?〉
> 그도 참 손님 받들고 어른 받들고 하느라고 자녀에 대한 관심은 별로 요즘 부모 같이 그래 그거는 없어요.
> 〈종부님 친정어머니 본받아서 하시는 거 있으세요, 생활 속에서?〉
> 나는 인제 조모한테 같이 자고 그래서 항상 종부로 가면 문중을 껴안고 베풀고 그래 살라 카는 처녀 때도 종부로 간다고 카니까 그래 교육을 하셔서.

종부 최소희는 조모를 특별히 기억한다. 조모의 가르침은 다름 아닌 '베풀기'였다. '베풀기'가 작게는 집안사람들과, 크게는 종친들과 결합되어 있다. 이러한 조모의 가르침을 실천하며, 또한 맏며느리에게도 이 가르침을 끊임없이 전한다. 차종부 이

혜영(1960년생)은 광산이씨로 스물다섯 살에 서애종가로 시집왔다. 또한 최소희는 '희생정신'이 중요하다고 했다. '베풀기'가 외부로 열려 있다면, '희생정신'은 내적인 것이다. 유가 이론으로 이야기하자면, 수기修己에 해당하는 문제이다.

> 종부도 이 또 운명이래요. 운명적인 그겐데, 회피할 수도 없어요. 운명적으로 이 집을 거느리고 그 하자면 하여튼 희생, 희생이라 칼까 그런 각오 없이는 누구나 다 편하고 쉽게 살고 싶고 그렇지. 이래…… 그런 거를 극복하고 희생정신으로 살아야 돼요.

최소희는 종부를 운명으로 받아들이면서 희생정신이 가장 중요하다고 했다. 이처럼 인내하고 희생하면서 살아왔기 때문에, 서애와 같은 훌륭한 조상을 모시는 것이 자랑스러울 수밖에 없었고, 평생 제사를 모시면서도 그것이 '감사'라고 여겼다. 이 때문에 제사 음식에는 특별히 정성을 들인다. 음식은 서애종가의 전통과 관련된 것이겠지만, 종부의 정성 없이 그것이 효과적으로 전승될 수가 없다. 이에 대해서 종부가 전하는 말은 이렇다.

> 중계. 서애 선생이 즐겨 잡샀어. 그게 궁중 음식이라. 중계고, 또 설에는 초만두 캐서 딴 집에는 없는 거라. 메밀가루로 돼지

고기하고 소고기하고 무 삶아 넣고 해서 이래 반죽해서 조물
락 조물락 해서 쪄서 접시에다 인자 담아 위수대로 모시는 거
지요.
우리는 또 생고기 써서 제사 때 떡 하는 이외에는 별로 부침개
겉은 거 안 하고 제사해도 괴지도 안 해요. 서애 선생이 검소하
게 그 하라 케서. 그냥 이래 놓고, 생고기 쓰이게네 구울 그거
도 없고, 하여튼 조상님이 우리 제사 받드는 데는 편하게 해 주
셨어요.

여러 가지 제사 음식들 가운데 서애가 좋아했다는 중계, 설에 올리는 초만두 등은 특별한 것이었다. 그러나 종부는 제사 음식을 검소하게 마련하기 때문에 이것은 힘든 것이 아니라고 했다. 특히 서애종가의 가양주는 많이 알려져 있다. 종부는 친정에서 배운 것이라 했다. 경주 최부잣집에서 시집을 온 종부는 친정에서 배운 법주를 정성을 다해 빚어 이제는 서애종가의 대표적인 가양주가 되게 하였다. 우리는 여기서 혼인을 통해 문화가 어떻게 융합되는지를 명확하게 확인하게 된다.

종가에서 종부의 역할은 특별히 중요하다. 봉제사 접빈객도 이들의 노력 없이는 불가능하기 때문이다. 서애 종부는 이것을 한편으로는 운명으로 받아들이면서, 다른 한편으로는 행복이라고 생각한다. 그러니까 행복이 다른 곳에 있는 것이 아니라 종부

의 삶을 살면서 양보하고 만족하는 데 있다는 것이다. 이러한 정신적 토양 속에서 전통이 지켜진다는 것을 우리는 안다. 서애종가의 종부 되기가 이렇게 실현되고 있었던 것이다.

3. 차종손 류창해

　　　서애종가의 전통을 이어 가는 것은 차종손과 차종부의 몫이다. 차종손 류창해는 어린 시절 옥연정玉淵亭에서 보낸 시간들을 소중한 경험으로 기억한다. 종택이 퇴락하여 거주에 문제가 생기자, 약 10여 년을 옥연정에서 생활했기 때문이다. 당시 새벽에 일어나 조모의 농사일을 도와드렸던 경험 등을 이야기하면서, 땀의 가치를 이로써 느꼈던 시간이라고 했다. 이 때문에 차종손은 옥연정에 대한 애정이 남달랐다.

　　옥연정. 『징비록』을 저술한 곳으로 알려진 이곳은 서애가 특별히 좋아한 곳이기도 하다. 서애가 지은 「옥연서당기玉淵書堂記」를 보면, 당을 두 칸 만들어 감록당瞰綠堂이라 하고, 감록당 동쪽에 한가하게 머물 두 칸의 집을 만들고 이름을 세심재洗心齋라 하였다. 그리고 세심재 북쪽에 세 칸의 집을 만들어 완적료玩寂寮라 하고 중이 살게 하였으며, 동쪽으로 방 두 칸을 두어 원락재遠樂齋라 하였다. 원락재 서쪽으로 작은 마루 두 칸을 두어 애오려愛吾廬라 하였다. 이 모두를 이름 하여 옥연서당이라 명명하였다. 강물이 흐르다가 이곳에 이르러 옥처럼 맑고 깨끗한 못을 이루기 때문이었다.

서애가 특별히 좋아했던 공간을 그의 혈손이 애정을 갖고 가꾸는 것 자체가 선조의 뜻을 제대로 이어 가는 것이다. 이 때문에 류창해는 고향에 와서 살게 되면 옥연정 뒷산에 나무를 가꾸고 싶다고 한다. 현재 그는 대구에서 회사에 다니는데, 머지않아 종가로 내려와 집을 지키면서 살 계획이다. 차종손은 서애에 대한 불천위 제사는 모든 것을 전통 방식에 따르고자 했다. 이에 대한 그의 육성이다.

> 불천위 제사만 새벽 제사를 고수하고 있는데, 이것도 좀 뭐 딴데 같이 낮에나 초저녁으로 바꾸자는 얘기가 없는 건 아니에요. 있는데 우리 아버님이 반대를 하시고 저도 반댑니다. 그러니까 초저녁 제사를 지내는 거는 4대 봉사는 뭐 그건 어쩔 수 없다고 치더라도, 불천위 제사는 그래도 옛날 법도대로 따라가는 게, 특히나 종갓집이라면 그걸 유지하는 게 맞지 않나 싶

어요.

불천위는 현재 서애종가의 이름을 갖게 한 강력한 요소이다. 이 때문에 불천위에 대한 예경은 전통 방식대로 계승하며 보존하고 싶었던 것이다. 제물 등 다른 것은 물론이고, 새벽에 지내는 제사의 시간도 그대로 유지하고자 했다. 이것은 그가 충효당 등 유형의 문화재뿐만 아니라 제사 등도 문화재로 인식하고 보존하고자 했기 때문에 가능한 것이다. 여기에 대하여 그는 이렇게 말한다.

> 근데 이거는 건물이라든지 유형재산뿐만이 아니고, 무형의 문화가 그것도 같이 계승이 돼 내려가야 되는데, 그것도 맨 제사가 거기에 일부죠. 그래서 그런 것들은 좀 지킬 수 있으면 그게 뭐…… 인생을 살아가는데, 그거 하고 안 하고 해 가지고 큰 변화를 준다든지 하는 건 아니기 때문에 조금만 자기가 고생스럽더라도 그렇게 유지하는 게 맞다. 그래서 저는 그렇게 하려고 합니다.

차종손은 좀 더 큰 그림을 그린다. 인생이라는 측면에서 볼 때도, 종손이 다소 힘들어 보일 수도 있는 전통 방식의 제사를 유지한다고 해서 자신이 삶에 커다란 변화를 주거나 불행해지거나 하지 않는다는 것이다. 이 이야기 속에서 그는 오히려 지켜 오던 것을 바꾸면 마음의 짐이 되어 조상께 미안한 마음만 가중될 수 있다는 생각이 있다. 종손으로서 가지게 되는 당연한 마음이며, 또한 서애종가가 어떻게 유지되고 발전될 것인지를 미리 알게 하는 대목이다.

　류창해는 특히 아버지처럼 문중 일이나 유림활동을 잘할 수 있는 역량을 키우고 싶다고 했다. 이를 위하여 한문공부 등 전통을 읽을 수 있는 실력을 갖추고, 하회가 유네스코 세계문화유산으로 등록되면서 관광에 활기를 띠고 이로 인해 생기는 다양한 문제나 종가의 위토 관리, 혹은 선산 정비에도 많은 고민과 노력을 하고 있다고 했다. 그리고 무엇보다 일가의 화목을 강조하며 힘을 합쳐서 하회의 전통을 계승하고 발전시키고 싶다고 했다.

　서애는 "권하노니 자손들아 모름지기 삼가라(勉爾子孫須愼旃), 충효 밖의 사업은 따로 없도다(忠孝之外無事業)"라고 하였다. 서애종가는 이 유훈을 참으로 귀하게 받들며 살고 있는 것 같다. 종손이나 종부를 운명으로 받아들이면서 서애종가의 기품과 품격을 유지하고 있다. 이것은 종손이나 종부가 공적인 삶을 살아간다는 의미와 맞물린다. 종손이 되고 종부가 되는 것은 운명이지만, 그 운명을 충효에 바탕을 두고 더욱 빛나는 것으로 빚어내는 지혜를 지녔다. 우리는 여기서 서애종가의 미래를 유쾌한 마음으로 상상할 수 있어 행복하다.

참고문헌

『선조실록』.
『선조수정실록』.
류성룡, 『서애집』.
_____, 『징비록』.
이긍익, 『연려실기술』.

국립문화재연구소, 『종가의 제례와 음식』, 월인, 2005.
서수용, 『안동 하회마을을 찾아서』, 1999.
안동하회마을보존회, 『하회마을의 전통문화』(5판), 성심, 2010.
이덕일, 『유성룡』, 역사의아침, 2007.
이상해·정승모 글, 황헌만 사진, 『하회마을』, 솔출판사, 2007.
이성무, 『류성룡과 임진왜란』, 태학사, 2008.
임재해, 『민속마을 하회여행』, 밀알, 1994.